Obstgehölze richtig schneiden

Peter Himmelhuber

Obstgehölze richtig schneiden

Pflanzschnitt, Erziehung
Pflege, Verjüngung

Bechtermünz Verlag

Der Autor:
Peter Himmelhuber ist Gärtner, Fachjournalist und Fotograf. Als Spezialist für Gartenbau, Gartengestaltung, Pflanzen und Heimwerken hat er zahlreiche Reportagen in Fachzeitschriften verfaßt.

Bildnachweis:
Felbinger 26, 46, 54 o, 67, 88
Kopp/Sulzberger 6
Reinhard 2/3, 15, 36, 45, 74, 77 o, 79 o, 80 o, 80/81, 82, 83, 84, 85
Sulzberger 50, 54/55, 56, 60, 68
Alle übrigen Fotos vom Autor
Titelseite: PhotoPress/Jakob (großes Foto), Himmelhuber (o), PhotoPress/Rogler (m), Himmelhuber (u)

Durchgesehene und korrigierte Neuauflage 1998

Herausgeber und Redaktion: Robert Sulzberger, Lindau
Konzeption: Anton Walter, Gundelfingen
Layout: Ruth Bost, Augsburg
Zeichnungen: H. D. Flubacher, Fellbach
Satz: $10^1/_4$ p. leichte Rockwell von Cicero Lasersatz, Augsburg
Gesamtherstellung: Druckerei Appl, Wemding
Printed in Germany

ISBN 3-86047-328-X

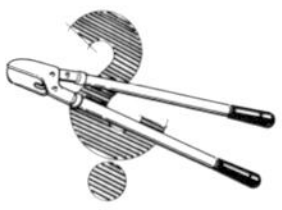

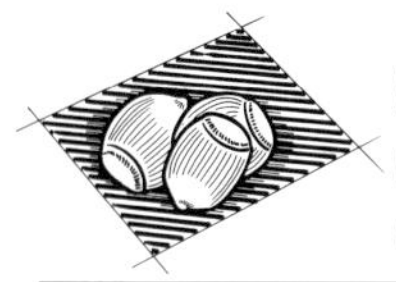

2.

Warum Obstgehölze geschnitten werden

Bevor Sie zur Schere greifen, um an Ihren Obstbäumen herumzudoktern, sollten Sie sich zunächst fragen, ob ein Schnitt überhaupt nötig ist, und wenn ja, welche Zweige entfernt werden müssen. Ein falscher Schnitt schadet einem Obstbaum nur. Es ist besser, überhaupt nicht zu schneiden, als wahllos irgendwelche Zweige zu kappen.
Jedes Obstgehölz gedeiht und fruchtet grundsätzlich ohne Schnitt. Denken Sie nur an wilde Apfel- und Birnbäume oder auch Zwetschgen- und Kirschbäume, die in der freien Natur wachsen und niemals gepflegt wurden. Sie sind wüchsig und bringen reichlich Früchte hervor, ohne daß sie jemals geschnitten wurden.
Der Schnitt wird angewandt, um die Gestalt der Gehölze zu formen und schöne Pflanzen zu erziehen, um sie gesund zu erhalten und nicht zuletzt, um den Ertrag zu fördern. Im Erwerbsobstbau stehen die Spindelbuschbäume in Reihen, und dementsprechend werden sie abgefertigt: Mit Hilfe einer Hydraulikschere werden einige Äste entfernt – fertig. Keine Wundbehandlung, kein Ablenken steiler Triebe auf Außenaugen, kein Absenken oder dergleichen. Schließlich sind noch Hunderte solcher Bäume dran.
Anders jedoch als im Erwerbsobstbau, wo die Gehölze Quellen des Gelderwerbs sind, haben sie im Garten einen besonderen Wert als Gestaltungselemente. Denken Sie nur an die herrliche Obstblüte im Mai! Hier sollen eindrucksvolle Baumgestalten stehen und schön gewachsene Sträucher, die natürlich auch reichlich gutes Obst tragen. Dafür lohnt es sich, ein wenig mehr Mühe und Geduld aufzubringen. Für den Schnitt eines großen, alten Apfel- oder Birnbaumes benötigt man etwa einen Nachmittag. Kirsch-, Zwetschgen- oder Nußbäume brauchen ohnehin keinen Schnitt, oder sie müssen nur ausgelichtet und etwas geordnet werden. Die meiste Arbeit an den Obstgehölzen ist für die Erziehung erforderlich. Aber da sind sie ja noch klein und einfach zu behandeln. Nach etwa drei bis vier Jahren ist die Kronenform der Jungpflanzen dann ziemlich festgelegt. Ab jetzt müssen sie in der Regel nur noch weiter aufgebaut, ausgelichtet und in Form gehalten werden. Dazu sind beispielsweise zu steile Seitentriebe abzuspreizen, krumme Gipfel zu stäben usw. Am bestehenden Aufbau und Astgerüst wird normalerweise nichts mehr geändert, damit sich die Gehölze möglichst naturnah und ungehindert entfalten können.

Der naturnahe Schnitt

Damit die Gehölze viele Früchte tragen, ist es sinnvoll, die Fruchtholzentwicklung zu fördern. Die Früchte entwickeln sich vorwiegend an Kurztrieben. Diese entspringen mehr oder weniger waagrechten Leittrieben; bei Birnbäumen zum Beispiel sind sie relativ steil, bei Apfelbäumen eher waagrecht. Bei diesen beiden Kernobst-Arten kann es von Vorteil sein und den Ertrag steigern, wenn man sehr steile Leittriebe waagrecht bindet und in die Horizontale zwingt. Allerdings bringen auch steile Leittriebe Fruchtholz und Früchte hervor.
Im übrigen erfordert die strenge Erziehung zu waagrechtem Wuchs umso mehr Aufwand, je mehr sie dem Gehölz widerstrebt. Die naturnahe Erziehung ohne strenges Waagerechtbinden und ähnliche Maßnahmen kommt deshalb nicht nur den Gehölzen, sondern auch den Gärtnern entgegen, weil sie weniger Pflege erfordert.

Im Erwerbsobstbau sollen die Bäume mit wenig Aufwand möglichst reiche Ernten bringen.

Häufig werden die Bäume gestutzt, weil sie zu hoch wachsen und dadurch schwierig abzuernten sind. Auch diese Untugend schadet nicht nur den Pflanzen, sondern auch ihren Besitzern. Infolge des starken Schnitts bringen die Gehölze nämlich eine Menge steiler Wassertriebe hervor, denn der Wurzeldruck bleibt ja gleich, und der Saftstrom fließt weiterhin unvermindert in die Krone. Das Gehölz kann den Substanzverlust daher aus vollen Reserven ausgleichen und bringt entsprechend viele Neutriebe hervor. Dieser Zuwachs geht auf Kosten der Fruchtentwicklung, weil das Gehölz viel Kraft für die Entwicklung neuer Triebe verbraucht. Lassen Sie die Gehölze deshalb ungehindert auswachsen, dann bringen sie nämlich nur kurze, auf die ganze Krone verteilte Jahrestriebe hervor. Auch hier gilt: Wenn uneingeschränktes Wachstum nicht möglich ist, sollten Sie von vornherein kleine Obstarten oder -sorten (insbesondere schwachwüchsige Veredelungen) pflanzen. Doch selbst Apfelhochstämme auf starkwüchsigen Veredelungs-Unterlagen, sowie Süßkirschen- oder Nußbaumveredelungen erreichen maximal eine Höhe von etwa 10 m und einen Kronendurchmesser von etwa 5–7 m. Nur die Wildformen können größer werden. Aber die kommen ja für den Garten sowieso nicht in Frage, weil sie – mit einigen Ausnahmen – weniger wertvolles Obst tragen als die Züchtungen.

Der Pflanzenkauf – eine weitreichende Entscheidung

Der größte Fehler wird meistens schon bei der Auswahl der Pflanzen beziehungsweise bei der Wahl der Unterlagen gemacht: Wenn der Standort sowie die dazu passende Wuchsstärke und -form nicht ausreichend berücksichtigt werden. Nach Jahren, wenn die Bäume dann zu üppig gedeihen, versucht man sie durch Schnitt kompakt zu halten. Dies scheitert jedoch an der Vitalität der Pflanzen. Denn ein starker Rückschnitt hat immer auch einen kräftigen Austrieb zur Folge. Deshalb ist die richtige Pflanzenwahl wesentlich.
Auch starkwüchsige Obstveredelungen, wie etwa Apfel- oder Süßkirschen-Hochstämme, haben ihre Grenzen und werden niemals so groß wie andere Laubbäume, also wie z. B. Linden, Eichen oder Buchen. Grundsätzlich aber eignen sich für kleine Gärten bevorzugt kleinbleibende Gehölze, wie etwa Beerenobststräucher oder Baumobstsorten auf schwachwachsenden Veredelungs-Unterlagen, beispielsweise Spindelbüsche. Vielleicht reicht der Platz gerade für einen einzigen großen Baum. Man pflanzt dann besser schlanke Typen wie etwa Birnbäume oder eßbare Ebereschen, statt Hochstamm-Apfelbäume, Süßkirschen (mit Ausnahme der Zwergformen) oder gar Nußbaumsäumlinge. Für dergleichen ist der Garten oft zu klein. Die Gehölze müssen dann zwangsläufig durch Schnitt kleingehalten werden, und das macht nicht nur viel Mühe, sondern ist auch zum Nachteil der Bäume.
Auch bei der Übernahme eines Gartens mit zu dichtem Obstgehölzbestand ist es meist besser, einen Teil der Gehölze zu fällen und sich auf einige erhaltenswerte zu beschränken. Diese können sich dann frei entfalten, und in wenigen Jahren entsteht daraus ein gesunder Bestand an natürlich entfalteten Bäumen und Sträuchern.

Je nach verfügbarem Standort wählt man schwachwüchsige, mittelstark oder stark wachsende Pflanzen. Topfobst kann den ganzen Sommer hindurch gepflanzt werden.

Nur Mut!

Der Schnitt der Obstgehölze erfordert keine besondere Ausbildung. Man muß kein gelernter Obstgärtner sein, um seine eigenen Bäume und Sträucher in Form zu halten. Einige Grundkenntnisse sind jedoch wichtig: Um die erhaltenswerten Zweige zu erkennen, braucht man etwas Geduld. Die Übersicht und die Routine werden dann von Jahr zu Jahr besser, zumal an der Entwicklung der Bäume zu beobachten ist, ob sie richtig geschnitten wurden. Nehmen Sie sich also Zeit und begutachten Sie jedes Gehölz, bevor Sie zur Schere greifen und

die Krone beziehungsweise das Strauchwerk schneiden.
Achten Sie auf die natürliche Wuchsform (Habitus) und kommen Sie der Pflanze beim Schneiden entgegen, indem Sie die typische Wuchsform erhalten. Andernfalls versucht die Pflanze immer wieder, ihren natürlichen Charakter durchzusetzen. Wenn man beispielsweise einen steil aufrecht wachsenden Birnbaum stark zurückschneidet, um den aufrechten Wuchs zu bremsen und die Krone niedriger zu gestalten, wird der Baum genau gegenteilig reagieren und besonders kräftige, steil aufragende Triebe entwickeln, insbesondere im oberen Kronenbereich. Der Schnitt dient zur korrigierenden Gestaltung einer je nach Art und Sorte typischen natürlichen Krone.
Betrachten Sie Ihre Obstbäume nicht nur als Nutzpflanzen, sondern auch als Ziergehölze, denn das sind sie – etwa wegen der schönen Blüte oder dem lichten Laub. Warten Sie lieber mit dem Schneiden, wenn Sie sich zunächst noch unsicher sind, und beobachten Sie die Gehölze wenigstens ein Jahr lang in ihrer Entwicklung – wie sie treiben, blühen und fruchten. Dann können Sie gewiß besser beurteilen, welche Zweige wertvoll und erhaltenswert sind, und welche Zweige weniger wertvoll sind und stören. Besonders zur Blütezeit im Frühjahr und anschließend während der Fruchtentwicklung ist auch zu erkennen, wie sich Blatt- und Fruchttriebe unterscheiden, ob die Gehölze kurzes oder langes Fruchtholz entwickeln, ob sie noch vital und wüchsig sind usw.

Im Winter darauf lassen sich dann schon einige Eingriffe guten Gewissens erledigen, wie etwa das Abschneiden steiler Wassertriebe im Inneren der Krone, von Wildtrieben aus der Veredelungsunterlage oder von Konkurrenztrieben der Leitäste. Auf diese Weise tragen Sie bereits zur Entwicklung schöner, lichter Gehölze mit natürlichem Wuchs bei, ohne zu schaden.

Das richtige Obstgehölz am richtigen Ort braucht wenig Pflege und entwickelt sich auch ohne große Eingriffe zu einem wertvollen, nützlichen und ansehnlichen Baum oder Strauch.
Der Schnitt trägt dazu bei, die Form zu bewahren, die Gesundheit zu erhalten und den Ertrag zu fördern. Was man dazu wissen sollte, ist in diesem Buch beschrieben.

Apfelbäume auf schwachwachsender Unterlage blühen und fruchten schon nach wenigen Jahren und sind wegen der geringen Größe leicht zu schneiden.

Die Schnittmaßnahmen und ihre Wirkungen

Wie die Bäume reagieren

Die Natur sichert den Erhalt der Pflanzen. Bei Windbruch, bei Fraßschäden durch Tiere und bei anderen Verletzungen bringen die Gehölze neue Triebe hervor, um den Verlust auszugleichen. Je nach Größe der Verletzung treiben sie schwach oder kräftig. Auch der Schnitt ist eine Verletzung und hat einen mehr oder weniger starken Austrieb zur Folge, je nachdem, ob viel oder wenig weggeschnitten wird. Deshalb ist es grundsätzlich am besten, möglichst wenig wegzuschneiden, um die Pflanzen nicht unnötig zum Treiben anzuregen. Allerdings kann der gezielte Austrieb wünschenswert sein, so etwa, wenn die Krone eine Lücke hat und durch den gezielten Schnitt ein Zweig in diese Lücke gelenkt wird; in diesem Fall wird durch das Einkürzen eines nebenstehenden Zweiges auf eine Knospe, die in diese Lücke weist, ein erwünschter Austrieb erzielt. Wenn Sie nämlich einen Trieb knapp über einer Knospe abschneiden, so treibt aus dieser Knospe die Verlängerung – ein neuer Trieb, der natürlich nicht völlig gerade aufrecht wächst, sondern ein wenig vom ursprünglichen Trieb abweicht.
Hinter diesen Vorgängen steckt ein für den Obstbaumschnitt wichtiges Gesetz. Es ist das Gesetz von der Spitzenförderung, das besagt: **Die am höchsten stehende Knospe treibt am kräftigsten aus**. Das gilt sowohl für den Mitteltrieb als auch für die Seitentriebe. Die höchste Knospe am mittleren Leittrieb (Gipfeltrieb) bringt also immer den stärksten Austrieb hervor. Die darunter sitzenden Knospen treiben weniger stark, genauso wie bei jedem Seitentrieb, bei dem in der Regel die Endknospe am höchsten steht und deshalb am kräftigsten austreibt. Bei überhängenden Zweigen treibt die Knopse am stärksten aus, die an der höchsten Stelle des gebogenen Zweiges steht.
Der Schnitt hat ebenso eine stärkere Verzweigung zur Folge. Sehr langstielige Triebe können durch das Einkürzen oder Entspitzen zur Verzweigung angeregt werden. Denn gewöhnlich bringt nicht nur die oberste Knospe unterhalb der Schnittstelle einen neuen Trieb hervor, sondern auch die nachfolgenden Knospen treiben aus, allerdings mit nach unten abnehmender Triebkraft. Unerwünscht ist dies lediglich bei Spalierbäumen, die streng gezogen werden. Bei der Erziehung von Jungbäumen dagegen wird dies gezielt für die Kronenbildung genutzt. Durch gezieltes Anschneiden der Krone werden in den Baumschulen Buschbäumchen, Halbstämme oder Hochstämme erzogen. Dazu entspitzt man die junge, eintriebige Veredelung in gewünschter Kronenhöhe. Daraufhin verzweigt sie sich unter der Schnittstelle und bringt aus der obersten Knospe wieder einen nahezu senkrechten Gipfeltrieb und aus den nachfolgenden Knospen mehrere Seitentriebe hervor.
Besonders offensichtlich wird die Schnittwirkung beim Abwerfen alter Baumkronen, also wenn die Bäume

Ein starker Rückschnitt hat stets einen kräftigen Austrieb zur Folge: Der Baum links wird nach dem starken Einkürzen wieder kräftige Jungtriebe entwickeln, der Baum rechts nur kurze Triebe.

radikal zurückgeschnitten werden, weil eine neue Krone aufgebaut werden soll. Hierzu schneidet man die alten Äste bis auf kurze Stummel zurück. Im Jahr danach bringen diese Stummel oft meterlange Jungtriebe hervor – je nachdem, wie stark die alten Äste eingekürzt wurden. Hier wird ein zweites Gesetz offensichtlich: **Je stärker der Rückschnitt, um so kräftiger der Austrieb.** Dies ist wohl ein entscheidendes Gesetz für alle Schneidarbeiten an Gehölzen.

Die wichtigsten Regeln für den Obstgehölzschnitt

Die nachfolgend erläuterten Schnittregeln dienen auf jeden Fall zum Nutzen des Baumes. Handeln Sie danach, dann nimmt der Baum keinen Schaden. Allein mit den vorbereitenden Schneidarbeiten, also dem Entfernen von dürren Trieben, Wasserschossen und dergleichen, ist schon viel geschehen.

Triebe entfernen, die den Kronenaufbau stören

Alles dürre und kranke Holz wird beseitigt bzw. bis ins gesunde Holz zurückgeschnitten, damit sich keine Krankheiten ausbreiten können. Zugleich können alle schwachen, alle nach innen in die Krone wachsenden Triebe sowie die Wassertriebe entfernt werden. Wassertriebe sind am mastigen und senkrechten Wuchs erkennbar. Sie verbrauchen Kräfte und Nährstoffe und tragen selbst keine Früchte, weil sie nur Blattknospen haben. Eventuell kann man einige davon für den Kronenaufbau nutzen, indem man sie durch Abspreizen in Lücken lenkt.

Hier wurde der alte Leitast stark zurückgeschnitten; in Folge davon haben sich viele kräftige Triebe entwickelt. Dieser Effekt kann z. B. bei der Verjüngung erwünscht sein.

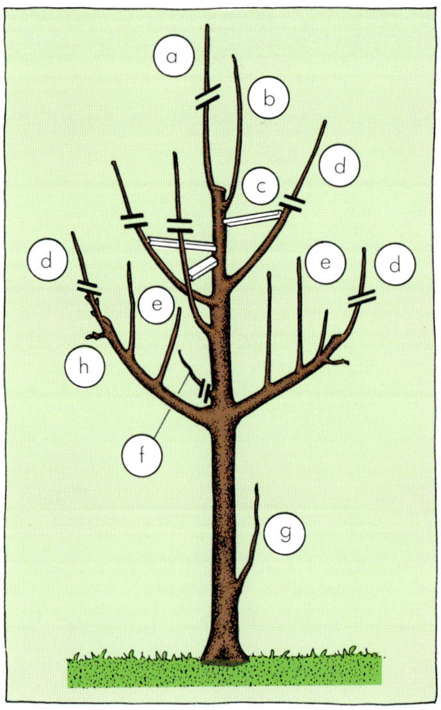

Störende Triebe, wie Wildtriebe (g), schwache und nach innen wachsende Triebe (e, f) sowie der Konkurrenztrieb zum Gipfel (b), werden entfernt, um das erhaltenswerte Kronengerüst freizustellen. Damit sich die Krone nach außen öffnet, werden die zukünftigen Seitenleitäste abgespreizt (c) bzw. abgelenkt, also durch Rückschnitt auf eine nach außen weisende Knospe zum seitlichen Austrieb angeregt (d). Der Gipfel wird entspitzt, damit er sich verzweigt (a). Kurze Fruchttriebe (h) bleiben erhalten.

Weiterhin ist es wichtig, umgehend alle Wildtriebe aus der Veredelungsunterlage zu entfernen. Obstbäume sind entweder am Boden veredelt (okuliert) oder am Stamm in 60, 120 oder 180 cm Höhe. Die Veredelungsstelle ist jeweils an einer Verdickung erkennbar. Alle Triebe, die unterhalb dieser Stelle aus dem Stamm oder aus dem Wurzelraum treiben, sind Wildtriebe und müssen weggeschnitten werden, weil sie die »edle« Krone Kraft kosten und sonst bald überwuchern würden.
Nach dem Ausschneiden aller dürren und störenden Triebe ist der Blick auf das Astgerüst frei. Jetzt kann man sich in etwa ein Bild vom Baum machen und davon, was erhalten bleiben kann und was weggeschnitten werden muß.

Schnitt auf Astring

Der Obstgärtner sollte sich zum Grundsatz machen, niemals Zapfen stehen zu lassen. Entweder man lenkt die Triebe auf Augen bzw. Seitentriebe ab, oder man schneidet die Zweige jeweils glatt an der Austriebsstelle weg, am sogenannten Astring.
Der Astring ist eine beim Schnitt entscheidende und beachtenswerte Stelle. Je nach Gehölzart ist er mehr oder weniger deutlich an einer Wulst erkennbar. Dieses Gewebe umgibt jeden Ast, Zweig oder Trieb direkt an der Austriebstelle. Es besteht aus teilungsfähigen Zellen, die sich rasch vermehren, wenn der Zweig dort abbricht oder bewußt abgeschnitten wird. Ein Bruch oder ein Schnitt heilt an dieser Stelle deshalb schneller als anderswo, weil das Wundgewebe die Verletzung zügig überwallt.
Man unterstützt die Pflanze sehr, wenn alle störenden Äste, Zweige und Triebe sorgsam am Astring weggeschnitten werden, weil sie rasch mit der Heilung fertig wird. Der Astring darf dabei natürlich nicht mit der Schere gequetscht oder anderweitig beschädigt werden. Das läßt sich aber einfach vermeiden, indem die Schere richtig angesetzt wird. Und zwar so, daß die Klinge am Astring anliegt und der Scherenbacken auf der Außenseite bleibt. Anders kommt es unweigerlich zu Quetschungen. Amboßscheren sind für den Schnitt auf Astring übrigens weniger geeignet, weil der Amboß (also die Gegenseite zum Scherenblatt) stört und häufig Quetschungen verur-

Durch den Schnitt »auf Astring«, also direkt an der Austriebsstelle, wird die Wundheilung gefördert, weil sich hier rasch Wundgewebe bildet.

Auf dürrem Holz siedeln sich oft Krankheiten an; es wird unverzüglich völlig beseitigt. Dürre Zapfen schneidet man direkt am Stamm weg.

sacht. Hier sei nochmal darauf hingewiesen, wie wichtig gutes und scharfes Werkzeug für den Schnitt und insbesondere für die Wundheilung ist.

Schnitt auf Augen

Bei jungen Trieben, die erhalten bleiben und eingekürzt werden, sind die Augen (Knospen) Anhaltspunkte für den Schnitt. Und zwar schneidet man jeweils knapp über einer Knospe ab. Dabei darf kein Zapfen stehenbleiben. Ausnahme: Bei Weinreben bleibt ein kurzer Zapfen erhalten, damit die empfindliche Knospe nicht austrocknet. Und bei Beerensträuchern, vor allem bei Johannisbeeren und Stachelbeeren, weil dort die oberste Knospe an der Schnittstelle meist ohnehin austrocknet, auch wenn ein Zapfen stehenbleibt.
Wichtig ist auch, daß die Knospe nicht gequetscht oder anderweitig verletzt wird. Hierzu muß die Schere richtig angesetzt werden, also mit der Klinge zur Knospe weisen.

Bei Obstbäumen jeweils knapp schräg über einer Knospe abschneiden (links). Beim Wein einen kurzen Zapfen stehen lassen, weil die Knospen sonst leicht vertrocknen (rechts).

Ablenken auf Seitenzweige

Nur selten ist es nötig, einen Ast oder Zweig ganz zu entfernen. Oft genügt es, ihn auf einen Seitenzweig abzulenken, das heißt, bis zu einer Verzweigung zurückzuschneiden. Dabei ist es wichtig, unmittelbar am Seitenzweig abzuschneiden und keinen Zapfen stehenzulassen. Die Schnittstelle soll schräg mit dem Seitentrieb verlaufen.
Man setzt dazu die Schere parallel zum Seitentrieb an und schneidet ab. Dadurch fließt der Saftstrom direkt an der Schnittwunde vorbei in den Seitentrieb, so daß die Wunde durch die mittransportierten Korkzellen zügig heilt.
Durch den gezielten Schnitt auf Augen (Knospen) kann man also einen Trieb in eine beliebige Richtung lenken und damit auch ein Gehölz formen. Beim naturnahen Obstbaumschnitt hat diese Eigenschaft vor allem für die Erziehung lichter, offener Kronen eine große Bedeutung. Denn Gehölze, die sehr steil aufrecht wachsen und dichte Kronen entwickeln, werden durch

Bei einigen Sauerkirsch-Sorten bilden sich »Peitschentriebe«. Diese überhängenden Triebe lenkt man am besten auf Seitentriebe ab.

Rechts: Süßkirschen (Hintergrund) brauchen nach der Erziehung keinen regelmäßigen Schnitt mehr. Sauerkirschen (vorne) sind gelegentlich auszulichten.

Durch den Schnitt über einer Außenknospe entwickelt sich ein nach außen wachsender Trieb.

das Ablenken auf Außenaugen breiter und nach oben offener. Dadurch kann mehr Licht in die Krone, und dies ist unter anderem für eine reichhaltige Nährstoffversorgung (Assimilation) wichtig, zumal verhindert wird, daß die Krone innen verkahlt. Je nach Obstart und Wuchsverhalten treiben die neuen Triebe wieder mehr oder weniger steil nach oben.

Dicke Äste richtig abschneiden

Wenn ein dicker Ast weggeschnitten werden muß, ist es empfehlenswert, zunächst alle kräftigen Seitenzweige an diesem Ast abzuschneiden und aus der Krone zu ziehen. Dann erst wird der Ast stückweise abgeschnitten, bis nur noch ein Zapfen steht. Dieser kann schließlich glatt am Stamm abgetrennt werden. Auf diese Weise läßt sich das Ausbrechen des Astes an der Austriebstelle vermeiden.
Nicht allzu schwere Äste können eventuell auch in einem Stück entfernt werden, indem man sie an der Austriebstelle zunächst mehr als zur Hälfte von unten einschneidet und dann von oben endgültig durchtrennt.

Gabeln verhindern und beseitigen

Die meisten Obstbäume entwickeln einen dominanten Mitteltrieb, die sogenannte Mittelleitachse; deshalb ist auch grundsätzlich die Erziehung mit einem aufrechten, durchgehenden Mitteltrieb empfehlenswert. Häufig treiben aber aus Seitenknospen kräftige, steile Konkurrenztriebe zum Mittelleittrieb. Diese sind störend und müssen entfernt werden – oder abgespreizt, wenn sie als Seitentriebe brauchbar sind –, weil sich sonst Gabeln bilden, die sehr schädlich sind. In diesen Gabeln bleibt nämlich oft das Regenwasser stehen, und das führt zur Fäulnis und häufig später auch zum Bruch eines dieser Gabeltriebe.

Dicke Äste zunächst freischneiden (a), dann unten einschneiden (b), und anschließend von oben durchtrennen (c), so daß ein Stummel stehenbleibt. Erst dann glatt abschneiden (d) und Wunden behandeln.

Durch die Last der Früchte ausgebrochene Äste sind unverzüglich zu behandeln.

Die Gabel ist von Anfang an zu verhindern, wenn die Triebe noch jung und leicht zu beseitigen sind. Aber auch bei vernachlässigten, dicken Ästen ist es noch empfehlenswert, Gabeln zu behandeln und jeweils den schwächeren Ast unmittelbar an der Austriebstelle wegzuschneiden, selbst wenn dies eine Lücke in der Krone zur Folge hat.

Alte Zapfen abschneiden

Beim Schnitt der Gehölze ist auch auf alte Zapfen zu achten, die eventuell in früheren Jahren durch willkürliches Abschneiden der Äste entstanden sind und die nun eingetrocknet und dürr am Stamm oder an Seitenzweigen stehen. Sie müssen jetzt nachträglich jeweils am Astring abgeschnitten werden.

Zu jeder Entwicklungsphase der passende Schnitt

Grundsätzlich unterscheidet man zwischen dem Pflanzschnitt, dem Erziehungsschnitt, dem Auslichtungs- oder Instandhaltungsschnitt und dem Verjüngungsschnitt. Schließlich sei noch das Abwerfen alter Kronen erwähnt, das eventuell zur radikalen Verjüngung und Umveredlung alter Bäume in Frage kommt.
Mit dem **Pflanzschnitt** wird bereits die spätere Kronenform angelegt. Er ist jedoch hauptsächlich für das Anwachsen der Jungpflanzen wichtig.
Am entscheidendsten für die zukünftige Entwicklung und den Auf-

bau der Obstgehölze ist der **Erziehungsschnitt**. Fehler, die hier gemacht werden, lassen sich kaum noch korrigieren, zum Beispiel wenn bei einem Apfelbaum keine senkrechte Mittelachse (durchgehender senkrechter Mitteltrieb) gebildet wird, oder wenn vergessen wird, doppelte Gipfel zu beseitigen, so daß sich eine Gabel bildet. Der Erziehungsschnitt ist etwa während der ersten drei bis vier Jahre nach der Pflanzung zu erledigen, solange die jungen Gehölze besonders wüchsig und die Haupttriebe noch elastisch sind. Später, sobald sie verholzt und kräftig entwickelt sind, lassen sie sich nicht mehr formen. Bis dahin muß die Kronenform festgelegt und das Hauptastwerk gebildet sein. Vor allem müssen ein gerader Stamm mit einer senkrecht weiterführenden Stammverlängerung sowie mehrere, gleichmäßig rund um den Stamm angeordnete Seitentriebe erkennbar sein. Letztere müssen nicht völlig waagrecht stehen, was bei streng aufrecht wachsenden Obstarten und -sorten sowieso nur mit Mühe möglich, eigentlich widernatürlich wäre.
Der Erziehungsschnitt läßt sich leicht bewerkstelligen, weil die Bäume ja noch klein und die Kronen gut erreichbar sind. Wenn regelmäßig, vom ersten Jahr nach der Pflanzung an eingegriffen wird, sind nur wenige Schnitte nötig. Zudem brauchen nur einige Triebe gestäbt oder abgespreizt werden.
Vernachlässigen Sie die Erziehung Ihrer Bäume deshalb nicht, denn dabei wird die Form bereits ziemlich endgültig festgelegt! Richtig erzogene Bäume brauchen später kaum noch geschnitten werden. Gewöhnlich genügt es, die Kronen weiter auszubauen und den neuen Zuwachs zu ordnen, also beispielsweise den Mittelleittrieb von Konkurrenztrieben zu befreien und die Kronen regelmäßig auszulichten.

Beim **Auslichtungs- oder Instandhaltungsschnitt** werden die erzogenen Kronen nur von zu eng stehenden, nach innen wachsenden und schwachen Trieben sowie von dürrem Holz und dergleichen befreit; der Baum wird also rundum ausgelichtet und in Form gehalten.
Der Aufwand ist je nach Obstart unterschiedlich. Während etwa wüchsige Apfelbäume recht viel Zuwachs entwickeln, sich gut verzweigen und damit auch störende Triebe hervorbringen, ist bei Süßkirschenbäumen, die sich wenig verzweigen und vor allem die bestehenden Triebe verlängern, nur wenig störendes Holz zu beseitigen.
Der Auslichtungsschnitt darf nicht vernachlässigt werden, weil die Gehölze sonst zu dicht verwachsen und nur noch wenig Licht ins Innere gelangt. Dadurch verkahlen die Zweige und werden immer langstieliger. Zu dichte Sträucher sind außerdem besonders anfällig für Pilzerkrankungen, weil sie nach Regen schlecht abtrocknen und feuchtes Klima fördert die Pilzentwicklung. Das gilt vor allem für Stachelbeerbüsche. Aber auch andere Sträucher und Obstbäume sind gefährdet, wie zum Beispiel Sauerkirschen, die häufig von der Zweigmonilia befallen werden, oder Apfelbäume, die leichter am Mehltau erkranken, wenn sie nicht ausgelichtet werden.
Im Detail ist die Vorgehensweise ebenso von der Obstsorte abhängig. Sorten, die früh, reich und regelmäßig tragen, müssen stärker ausgelichtet werden als wüchsige Sorten, weil sie sonst bald vergreisen, das heißt, sie verbrauchen sich und altern schnell. Insbesondere gilt das für kleinbleibende Bäume, die auf schwachwachsende Unterlagen veredelt sind. Durch das Auslichten wird der Austrieb von jungem Holz angeregt.

Der Erziehungsschnitt ist entscheidend für die Entwicklung einer schönen Krone. Es genügt, die erhaltenswerten Leitäste freizustellen und störende Triebe zu entfernen.

Nicht verwildern lassen!

Richtig erzogene Bäume lassen sich leichter auslichten und instandhalten, weil ein gut geformtes Astgerüst zur Orientierung dient und die störenden Triebe leicht zu erkennen sind. Bei Sträuchern genügt es meist, einige alte Äste direkt am Boden zu entfernen, damit wieder neue nachkommen.
Der **Verjüngungsschnitt** ist entweder bei verwilderten oder bei alten, vergreisten Kronen nötig, insofern diese noch vital und wüch-

sig sind. Gehölze, die vernachlässigt wurden, haben oft ein undurchdringliches Gewirr an Zweigen entwickelt und sind weder ein schöner Anblick, noch bringen sie wertvolles Obst hervor. Die Früchte sind wegen Lichtmangel oder Krankheiten oft minderwertig oder unbrauchbar.

Das Geäst muß meistens stark ausgelichtet und neu geordnet werden, damit wieder gefällige Kronen entstehen. Gewöhnlich sind dazu mehrere Jahre erforderlich, weil der nötige starke Eingriff zu kräftigem Austrieb anregt, der nur durch mehrmaliges Schneiden in den Jahren danach zu bewältigen ist. Wenn ein alter Baum durch einen starken Verjüngungsschnitt zu sehr geschwächt würde, ist es ohnehin empfehlenswert, die Verjüngung auf mehrere Jahre zu verteilen.

Manchmal lohnt sich die Verjüngung nicht mehr, weil die Gehölze völlig vergreist und teilweise dürr oder krank sind. Wenn sie eine Ansteckungsgefahr für andere Gehölze darstellen, sollten sie lieber gerodet werden. Wo jedoch ein Funken Hoffnung auf Genesung besteht, wird man sie mit allen Mitteln am Leben erhalten, insbesondere wenn es alte Hausbäume sind. Aber sogar alte Baumruinen, die nicht mehr am Leben sind, besitzen ihren Wert: Die dicke Borke, die Astlöcher und Höhlen bilden für Insekten und Vögel einen wichtigen Lebensraum, der selten geworden ist und daher unter Gesichtspunkten des Naturschutzes erhalten werden sollte.

Eine andere Möglichkeit, verwilderte Kronen zu verjüngen, ist das **Abwerfen**. Dieser radikale Rückschnitt ist jedoch gut zu bedenken, weil dabei sämtliche Zweige gestutzt werden und nur einige kurze Aststummel zum Umveredeln übrigbleiben. Das Abwerfen kommt eventuell in Frage, wenn eine Sorte keine Früchte trägt oder wenn ein älterer Sämling, der wild im Garten aufgegangen ist, veredelt werden soll. Voraussetzung ist, daß der Stamm und die alten Äste noch gesund und wüchsig sind. Dann kann man die alte Krone bis auf kurze Aststummel zurückschneiden. In die Aststummel pfropft man Edelreiser von einem anderen erhaltenswerten Baum bzw. von der gewünschten Sorte ein und bildet daraus eine neue Krone.

Der richtige Zeitpunkt

Grundsätzlich ist es wichtig, zum richtigen Zeitpunkt zu schneiden. Größere Eingriffe erledigt man hauptsächlich während der Saftruhe, also im Winter, weil die Wunden sonst bluten und die Gehölze viel Saft verlieren. Der beste Termin für den **Winterschnitt** ist etwa von Dezember bis spätestens März, bevor der Saftstrom wieder anschwillt. Schneiden Sie nur an frostfreien Tagen, sonst können die Schnittwunden splittern. Kleinere Eingriffe lassen sich auch im Sommer erledigen. Das Ausschneiden von Wassertrieben, dürrem und schwachem Holz etwa, vertragen die Gehölze ohne Schaden.

Je nach Obstart weicht der optimale Termin auch ein wenig ab. Die Kernobstbäume, also Äpfel, Birnen und Quitten, sind relativ unempfindlich und vertragen sowohl den Winterschnitt als auch den **Sommerschnitt**.

Beim Steinobst sind die Sauerkirschen, Zwetschgen, Pflaumen, Renekloden und Mirabellen weniger empfindlich. Man kann sie im Winter auslichten oder auch im Sommer nach der Ernte. Beim Pfirsich und bei der Aprikose ist im Spätwinter, wenn keine strengen Fröste mehr zu erwarten sind, und im Sommer nach der Ernte die beste Zeit zum Schneiden. Bei Süßkirschen sowie bei Walnußbäumen, die ohnehin fast nicht geschnitten werden, greift man am besten im Spätwinter oder auch im Spätsommer ein. Beim Wildobst, wie etwa bei Holunder, Felsenbirnen oder Hagebuttenrosen, sowie bei allen Strauchobstarten, so z. B. bei Haseln, Kulturheidelbeeren oder Johannisbeeren, ist im Spätwinter die beste Zeit für den Rückschnitt und zum Auslichten. Gleiches gilt für die Kletterpflanzen, wie etwa Weinreben oder Kiwis. Brombeeren, Himbeeren, Johannisbeeren und Stachelbeeren kann man aber auch nach der Ernte schneiden. Dies ist besonders zu empfehlen, wenn die Sträucher von Krankheiten, wie etwa vom Mehltau, befallen sind. Beim Wein ist zusätzlich ein Sommerschnitt empfehlenswert, um die Früchte freizuschneiden und die Geiztriebe zu entfernen.

Grundsätzlich bekommt den Gehölzen der Schnitt an milden, trockenen Tagen am besten. Bei feuchtem Wetter sollten Sie möglichst nicht schneiden, weil dann die Gefahr der Pilzinfektion besonders groß ist. Nähere Hinweise finden Sie bei den einzelnen Obstarten ab Seite 46.

Sommer oder Winter?

Im allgemeinen wird für die Schnittmaßnahmen der Winter empfohlen. Neuere Forschungsergebnisse allerdings weisen darauf hin, daß es gar kein Vorteil ist, wenn im Winter die Säfte nicht strömen. Im Gegenteil, während der Vegetationsperiode können die Wunden viel rascher und ohne Frostschwächung verheilen. Dafür geht aber mehr Wuchskraft verloren.

Begleitende Maßnahmen

Die Wundbehandlung, das Pfählen, das Stäben, das Absenken und andere Pflegearbeiten an den Gehölzen sind mindestens ebenso wichtig wie der Schnitt selbst. Denn vor allem davon hängt die Gesundheit der Pflanzen ab. Beispielsweise wird eine Jungpflanze nur schlecht und mit Mühe anwachsen, wenn die frischen Wurzeln immer wieder vom Wind losgerissen werden, weil sie nicht gepfählt, also mit einem Baumpfahl gestützt wurde. Ebenso verzögert sich die Wundheilung, wenn die Zweige nicht glatt am Stamm bzw. am Astring (Wulst an der Austriebstelle) abgeschnitten werden, sondern wenn Zapfen stehen bleiben. Solche Aststummel vertrocknen meistens, weil sie keine austriebsfähigen Knospen entwickeln. In das dürre Holz dringen dann häufig schädliche Pilze ein, die auch das gesunde Holz angreifen. Es ist deshalb sehr wichtig, jeden einzelnen Zweig oder Ast sorgfältig zu behandeln, ohne dem Baum zu schaden.

Wundbehandlung

Nach der Behandlung müssen größere Wunden mit künstlicher Rinde verschlossen werden, damit keine Schädlinge und keine Feuchtigkeit eindringen können oder umgekehrt die Wunden nicht austrocknen.
Die Gehölze können Verletzungen gewöhnlich gut verkraften, zumal sie auch durch Tiere, Stürme oder andere Naturgewalten verletzt werden können; die Wundheilung ist ein natürlicher Teil des Wachstums. Dennoch hilft es ihnen sehr, wenn sie dabei unterstützt werden, vor allem bei großen Wunden.
Kleine Wunden, etwa durch das Entspitzen junger Jahrestriebe, erfordern keine besondere Behandlung. Bei Wunden an mehrjährigen Zweigen oder am Stamm jedoch ist Wundpflege wichtig, um die Austrocknung, die Fäulnis durch Niederschläge oder die Infektion durch Pilze und andere Krankheiten zu verhindern. Dazu wird eine geeignete Wundsalbe aufgetragen, die wasserabweisend, aber luftdurchlässig ist. Im Handel sind verschiedene Produkte erhältlich, die entweder mit einem Pinsel oder einer Spachtel aufgetragen werden.

Sägewunden schneidet man mit einem Messer nach, denn glatte Wunden heilen besser. Direkt am Astring, an der erkennbaren Wulst der Austriebsstelle, bildet sich rasch Wundgewebe. Ein Wundbehandlungsmittel verhindert Fäulnis ebenso sowie Austrocknung.

Sägeschnitte nachbehandeln

Bei Sägewunden ist es besonders wichtig, sie nachzuschneiden, weil sie rauh und rissig sind und schlecht heilen. Glatte Wunden heilen besser; deshalb schneidet man Sägewunden mit einem scharfen Messer nach, um sie dann mit Wundsalbe zu verschließen.

Stamm- und Rindenpflege

Die vorbeugende Stamm- und Rindenpflege bewahrt vor Wunden und Schädlingen. Bei jungen Obstbäumen, die noch eine elastische Rinde haben, verursacht die Wintersonne häufig schlimme Rindenrisse: An klaren Tagen regt die Sonne den Saftstrom an. Dadurch dehnt sich die Rinde. In kalten Nächten strafft sich die Rinde wieder. Die Spannungen durch diese Wechselwirkung können vor allem an der Südseite ungeschützter Stämme Rindenrisse zur Folge haben. Sie werden deshalb am besten mit Kalkmilch oder einem speziellen Rindenschutzmittel gestrichen, um die Sonnenstrahlung abzuschirmen. Später, wenn die Rinde holzig wird, ist kein Anstrich mehr nötig, allenfalls dann, wenn bei einem alten Stamm die lose Borke abgeschabt wurde und wieder die elastische Rinde zutage kommt.
Dies ist eventuell bei einem alten Baumbestand nötig, der stark mit Schädlingen zu kämpfen hat. Unter der losen Borke nisten sich oft Raupen und andere Schädlinge ein, die durch das Abbürsten der Borke vernichtet werden. Nach dem Anstrich werden noch im September/Oktober Leimringe bzw. Wellpappegürtel angelegt, um Frostspanner-Weibchen zu fangen. Im Frühjahr müssen sie wieder abgenommen werden, weil sonst auch

Ein Kalkmilch-Anstrich bewahrt vor Rindenrissen durch die Wintersonne.

werden. Bäume auf schwach wachsender Unterlage, wie etwa Spindelbuschbäume, brauchen sogar auf Lebenszeit eine Stütze, weil sie keine Ankerwurzeln, sondern nur schwache Senkwurzeln treiben. Gehölze mit Ballen (zum Beispiel Topfballen oder Erdballen) werden schräg gepfählt, das heißt, hier schlägt man den Baumpfahl schräg zum Stamm am Ballen vorbei in die Erde, um diesen nicht zu beschädigen. Der Pfahl wird dabei mit der vorherrschenden Windrichtung geschlagen, also gewöhnlich Richtung Osten, weil der Wind meistens von Westen weht. Er muß in der richtigen Neigung – etwa im 45° Winkel – stehen, damit er Widerstand leistet und den Baum auch bei starkem Wind stützt. Am Hang schlägt man den Pfahl unabhängig von der Windrichtung schräg zum Hang. Bei großen Bäumen – vor allem, wenn sie ausgeprägte, große Kronen haben (z. B. Nußbäume) – sind eventuell zwei Pfähle nötig, die überkreuzt geschlagen werden, damit sich eine Gabel bildet, worin der Stamm festsitzt.
Gehölze ohne Ballen mit losen Wurzeln werden senkrecht gepfählt. Hier wird der Pfahl nach dem Pflanzen parallel zum Stamm senkrecht in den Boden geschlagen. Dabei achtet man darauf, daß keine Wurzeln beschädigt werden, und drückt ihn vor dem Einschlagen vorsichtig durch das Wurzelwerk in die Erde. Der Pfahl bzw. die Pfähle dürfen beim Schlagen und auch später

Der Stamm muß so festgebunden werden, daß zwischen dem Pfahl und der Rinde ein puffernder Knoten entsteht. Der Pfahl muß festsitzen und darf nicht scheuern.

unnötig Nützlinge gefangen werden. Im Sommer kann man durch das Anlegen von Wellpappringen Apfelwickler-Raupen fangen.

Pfählen und Binden

Jedes Gehölz braucht einige Zeit zum Anwachsen. Es kann zwei bis drei Jahre dauern, bis sich die Wurzeln gut verankert haben. In dieser Zeit ist es wichtig, Großgehölze, also Hochstämme und große Sträucher zu pfählen, damit sie in Ruhe anwachsen können und nicht ständig vom Wind wieder losgerissen

Bei Gehölzen mit Ballen schlägt man den Pfahl schräg in den Boden, um den Wurzelballen nicht zu beschädigen. Der Pfahl bleibt etwa 2–3 Jahre stehen, bis sich der Baum gut verankert hat.

nicht an der Rinde scheuern. Nach dem Pfählen bindet man den Stamm am besten mit Kokosfaserschnur oder einer anderen Naturfaserschnur am Pfahl fest, und zwar so, daß zwischen dem Stamm und dem Pfahl ein puffernder Knoten entsteht. Die Schnur muß fest sitzen, damit sich der Stamm nicht bewegen kann. Diese Technik heißt »doppelter Achterschlag« und läßt sich anhand der Grafik nachvollziehen. Im Handel sind dazu auch spezielle Bänder aus Kunststoff oder ummantelte Bindedrähte erhältlich. Die Stütze bleibt solange erhalten, bis das Gehölz fest verankert ist. Spätestens wenn das Dickenwachstum zunimmt und die Schnur zu straff wird oder gar in die Rinde einschnürt, muß sie gelöst und falls nötig nachgebunden werden.

Stäben und Heften

Ebenso wie die Gehölze beim Anwachsen unterstützt werden, brauchen sie auch weiterhin »Entwicklungshilfen«. Krumme Gipfeltriebe beispielsweise kann man stäben und zu steile Seitentriebe absenken. Dazu bieten sich beispielsweise Tonkinstäbe (Bambusstäbe) an. Zum Heften hat sich Bast bewährt. Zunächst wird der Stab am alten, geraden Mitteltrieb befestigt. Er muß dabei den krummen Gipfel überragen. Dieser wird dann an den Stab gezogen und von unten nach oben mit kurzen Bastbändern festgebunden.
Gleichermaßen kann man auch zu steile Seitentriebe waagrecht nach unten binden, indem der Tonkinstab zunächst am alten, bereits waagrecht stehenden Leittrieb befestigt und der junge Endtrieb an das überstehende Ende des Tonkinstabs geheftet wird. Wichtig ist, daß die Triebe rechtzeitig korrigiert werden, solange sie noch elastisch sind. Seitentriebe kann man statt mit Bambusstäben und Bast auch mit Schnüren absenken oder einfach mit Stäben abspreizen. Dabei ist aber darauf zu achten, daß die Rinde nicht verletzt wird.

Absenken und Abspreizen

Wie das Ablenken von Trieben auf Außenaugen, trägt auch das Absenken oder Abspreizen zur Entwicklung lichter Kronen bei. Dabei wird jedoch nicht geschnitten (allenfalls entspitzt), sondern die Triebe werden mit Hilfe von Schnüren, Spreizhölzchen oder anderen geeigneten Mitteln in Lücken gelenkt bzw. waagrecht gezogen oder gedrückt, wenn dies nötig ist. Auch dadurch läßt sich die Krone formen und ordnen.
Gleichzeitig kann man auf diese Weise die Entwicklung von Fruchtholz fördern, beispielsweise bei Jungbäumen, die von selbst nur spärlich Fruchtholz ansetzen und stattdessen nur Blatt-Triebe hervorbringen. Die abgespreizten oder abgesenkten Triebe verzweigen sich meist auch ohne Einkürzen und entwickeln gewöhnlich viele Fruchtspieße und Fruchtknospen.

Tragende Äste stützen

Zur Pflege und vorbeugenden Wundvermeidung gehört das Stützen tragender Äste. Vor allem in ertragreichen Jahren ist es nötig, bruchgefährdete Äste mit geeigneten Mitteln zu unterstützen. Man kann dazu Holzpfähle, Äste mit Gabeln oder anderen Stützen einspreizen.

Zum Abspreizen eignen sich zugeschnittene Hölzchen, aber auch spezielle Erziehungsklammern oder Gabeln aus Draht.

Damit unter der Last der Früchte keine Äste brechen, muß man sie in ertragreichen Jahren stützen.

Achten Sie auch bei der Ernte auf die Zweige und klettern Sie nur mit geeigneten Steighilfen in die Kronen oder benutzen Sie entsprechende Erntehilfen, um die Pflanzen zu schonen. Schneiden Sie vor allem bei der Ernte beschädigte Zweige unverzüglich aus und behandeln Sie die Wunden mit Salbe!

Das richtige Werkzeug

Der Obstgehölzschnitt erfordert nur wenige Werkzeuge und Hilfsmittel. Eine Grundausstattung ist meistens ohnehin in jedem Gartengeräte-Magazin vorhanden, weil jeder Garten Pflege braucht und dazu Geräte nötig sind. Es müssen keine exklusiven Werkzeuge und Hilfsmittel sein. Allerdings ist auf gute Qualität zu achten. Unter anderem sind eine gute Astschere, eine Baumsäge und ein scharfes Messer unbedingt nötig.
Die **Astschere** – es gibt Backenscheren und Amboßscheren – sollte ein auswechselbares Blatt haben. Achten Sie darauf, daß die ausgewählte Schere exakt schneidet und keine Quetschungen an den Ästen verursacht. Testen Sie beim Kauf verschiedene Typen und wählen Sie ein Modell, das gut in der Hand liegt, sonst macht das Schneiden keine Freude und kann rascher Ermüdungserscheinungen, sogar Verletzungen oder eine Erkrankung (z. B. eine Sehnenscheidenentzündung) zur Folge haben.

Bei einem größeren Gehölzbestand lohnt sich eventuell die Anschaffung einer Rollgriffschere, die besonders leicht zu handhaben ist. Auch dieser Scherentyp sollte aber vorher getestet werden, denn manche Menschen kommen damit nicht zurecht. Einige Hersteller bieten übrigens auch Modelle für Linkshänder an, die meist etwas teurer sind.
Als Ergänzung zur Schere sollte man sich gleich eine **Scheide** besorgen, die sich am besten am Gürtel befestigen läßt. Dadurch hindert sie nicht beim Klettern und ist jederzeit griffbereit.

Um dicke Äste zu beseitigen, braucht man eine **Baumsäge**. Sie sollte ein verstellbares Blatt haben, damit störende Äste immer glatt am Stamm beziehungsweise an der Austriebstelle abgesägt werden können. Sägen mit starrem Blatt hinterlassen meist störende Zapfen oder Stummel.

Zur Wundpflege ist ein **Messer** erforderlich, um beispielsweise Sägewunden oder gequetschte Scherenwunden nachzuschneiden. Glatte Schnittflächen können nämlich wesentlich rascher und besser verheilen als rauhe oder gequetschte Wunden!

Zum Schärfen der Schere braucht man einen rauhen **Schleifstein**, für das Messer einen feinen Stein und einen Lederriemen zum Abziehen der Klinge.

Für die Pflege hoher Bäume sollte eine **Leiter** zur Hand sein, die leicht und gut transportabel ist und bis in die Kronen der höchsten Bäume im Garten reicht.

Das Scherenblatt grundsätzlich nur auf der Außenseite schleifen; dazu eignet sich ein grober Stein (oben).
Das Blatt der Bügelsäge läßt sich leicht auswechseln, indem man die Befestigungssplinte durchschlägt (unten).

Andere Hilfsmittel

Zum Stäben krummer Gipfel und zum Abspreizen steiler Triebe eignen sich sehr gut Tonkinstäbe (**Bambusstäbe**). Ein kleines Sortiment davon sowie **Bast** zum Binden sollte immer zur Verfügung stehen. Im Fachhandel gibt es für diese Techniken auch spezielle Hilfsmittel, beispielsweise sogenannte Baumerziehungsklammern, die sehr praktisch und zuverlässig sind und weniger störend wirken als Stäbe oder Gehänge aus Steinsäckchen und dergleichen.

Für die Wundbehandlung werden verschiedene Produkte angeboten. Bestens bewährt hat sich **künstliche Rinde**, weil sie leicht aufzutragen ist, dicht schließt und doch luftdurchlässig ist. Wegen der natürlichen Farbe (olivgrün) wirkt sie auch recht unauffällig.

Für den **Stammanstrich**, der gewöhnlich mit dem Winterschnitt angebracht wird, bietet sich Kalkmilch oder ein handelsüblicher Weißanstrich für Obstbäume an. Falls nötig, muß bei alten Bäumen vorher die lose Borke abgelöst werden. Dazu eignet sich eine Stahlbürste, die gewöhnlich in jedem Haushalt vorhanden ist.

Zum Pfählen und Stützen der jungen Bäume brauchen Sie **Baumpfähle** und einen **Kokosstrick**. Die Pfähle können Sie zum Beispiel aus Fichtenholz selbst herstellen oder gemeinsam mit dem Kokoksstrick in einer Baumschule oder einem Gartenmarkt beziehen.

Wenn Sie über diese Werkzeuge und Hilfsmittel verfügen, sind Sie langfristig gut ausgestattet. Neben der Grundausstattung kann noch eine Teleskopschere oder -säge nützlich sein, um in hohe Kronen zu gelangen, sowie eine Astschere mit langen Griffen, die den Schnitt der Sträucher, insbesondere dorniger Arten, erleichtert.

Pflanzung und Erziehung

Der Pflanzschnitt

Mit dem Pflanzschnitt wird bereits die Form des Gehölzes festgelegt. Er ist außerdem für das rasche Anwachsen wichtig.

Richtig einkaufen

Schon vorher, also beim Pflanzenkauf, sollten Sie allerdings wissen, welche Baumtypen Sie haben wollen, also ob in Zukunft Bäume mit niedrigen oder hohen Kronen in Ihrem Garten stehen sollen. Sie können zwischen Buschbäumen mit 40 bis 60 cm Stammhöhe (gemessen vom Erdboden bis zum untersten Kronentrieb), Niederstämmen mit 80 bis 100 cm, Halbstämmen mit 100 bis 120 cm und Hochstämmen mit 160 bis 180 cm Stammhöhe wählen.
Weiterhin sind für Form-Obstgehölze – wie etwa Spalierbäume – einjährige Jungpflanzen erhältlich, die nur einen Trieb haben, oder Bäumchen mit weniger als 40 cm Stammhöhe. Bei Walnußbäumen gibt es auch sogenannte Heister, die keine deutlich sichtbare Krone haben, sondern bei denen das Stämmchen von unten bis oben gleichmäßig mit Seitentrieben garniert ist. Beerenobstgehölze sind ebenso als Stämmchen im Handel, und zwar als Fußstämmchen mit 40 bis 50 cm und als Hochstämmchen mit 80 bis 90 cm Stammhöhe, neben den üblichen Büschen mit mehreren bodenständigen Trieben. Weinreben und andere kletternde Obstgehölze werden meist als mehrtriebige Topfpflanzen angeboten.
Während beim Kauf von Hochstämmen die Kronenhöhe endgültig festgelegt ist, können Sie beispielsweise Buschbäumchen auch später noch zu Hochstämmen umerziehen. Besser ist es aber, gleich die richtigen Gehölzformen zu besorgen. Die Bäumchen müssen alle einen senkrechten geraden Mitteltrieb und mindestens drei kräftige, gleichmäßig rund um den Stamm verteilte Seitentriebe haben.

Pflanzschnitt:
- a Gipfeltrieb über einer Innenknospe einkürzen.
- b Konkurrenztriebe zum Gipfeltrieb entfernen.
- c Drei bis vier gleichmäßig angeordnete Seitentriebe auswählen und jeweils über einer Außenknospe einkürzen.
- d Unbrauchbare schwache Triebe ganz entfernen.
- e Unbrauchbare steile Triebe entfernen.
- f Wildtriebe aus der Veredelungsunterlage entfernen.
- g, h, i, k Abgebrochene, krumme oder zu lange Wurzeln zurückschneiden sowie dürre Wurzelspitzen einkürzen.

Obligate Schnittmaßnahmen

Beim Pflanzschnitt unterscheidet man nun zwischen sogenannten Containerpflanzen (Gehölzen mit Topfballen oder in ein Tuch eingepackten Erdballen) und Gehölzen ohne Ballen, also mit losem Wurzelwerk. Während Ballenpflanzen keinen Pflanzschnitt brauchen oder nur geringfügig korrigiert werden müssen, ist es bei Gehölzen mit losem Wurzelwerk unbedingt nötig, die **Triebe und** die **Wurzeln** zu **schneiden**. Und hier gilt wieder die Regel: Je stärker der Rückschnitt, desto kräftiger der Austrieb. Je stärker die Triebe eingekürzt werden, um so leichter wachsen die Bäumchen

auch an, weil die wenigen Wurzeln ja entsprechend weniger Triebsubstanz zu versorgen haben. Es hat sich gezeigt, daß infolge eines kräftigen Pflanzschnitts der Austrieb im kommenden Jahr wesentlich kräftiger ist, als wenn nicht oder nur wenig geschnitten wird.
Grundsätzlich genügt es, alle **Triebe** etwa um die Hälfte **einzukürzen**. Sowohl bei Gehölzen mit losen Wurzeln als auch bei Ballenpflanzen ist es gleichermaßen wichtig, unbrauchbare und störende Triebe zu entfernen, so etwa schwache, überhängende und steile Triebe. Insbesondere ist der sogenannte Afterleittrieb zu entfernen. Es ist derjenige Trieb, der meist sehr kräftig ist, unmittelbar unterhalb des Mitteltriebs steht und eine Konkurrenz zu jenem darstellt. Der Afterleittrieb wird glatt am Stamm, das heißt direkt an der Austriebstelle am Astring (das ist die sichtbare Verdickung) weggeschnitten. Der Schnitt auf Astring ist übrigens auch bei allen anderen Zweigen anzuwenden, die vollständig entfernt werden.
Bei Trieben, die nur teilweise eingekürzt werden, ist dagegen der Schnitt auf Augen die entscheidende Technik. Dabei achtet man auf die Knospen und schneidet jeweils knapp über einer solchen ab, damit keine langen Zapfen (Triebstücke ohne Knospe) stehenbleiben. Sie würden nämlich eintrocknen.
Durch den Schnitt auf Augen ist es möglich, die Zweige beziehungsweise die kommenden Austriebe in beliebige Richtungen zu lenken. Schneidet man nämlich über einer Knospe ab, die nach außen, also vom Stamm weg weist, dann entwickelt sich daraus ein Trieb, der entsprechend vom Stamm weg wächst. Auf diese Weise öffnet sich die Krone, und es entsteht ein breites, lichtes Geäst.

Beim Pflanzen von Gehölzen mit losem Wurzelwerk ist anders als bei Ballenpflanzen ein kräftiger Rückschnitt nötig, um das Anwachsen zu erleichtern. Die Veredelungsstelle muß über dem Boden bleiben!

Der Mitteltrieb dagegen sollte möglichst gerade nach oben wachsen. Man schneidet ihn daher bei schrägem Wuchs an einer Knospe ab, die wieder zur Mitte hinweist und so eine gerade Stammverlängerung hervorbringt.
Schließlich müssen noch alle **Wildtriebe** aus der Veredelungsunterlage **entfernt** werden, weil diese meistens wuchsfreudiger sind als das »edle« Bäumchen und jenes bald unterdrücken würden, wenn sie sich frei entwickeln könnten. Die Veredelungsstelle ist entweder in Bodennähe oder unterhalb der Krone an einer deutlichen Verdickung zu erkennen. Hier wurde das Obstbäumchen durch das Einsetzen eines Auges veredelt (okuliert) oder durch das Aufsetzen eines Triebes gepfropft.

Die Formgebung

In der Regel sollte jedes **Bäumchen** nach dem Pflanzschnitt einen geraden Mitteltrieb und drei oder vier nicht zu steil abstehende, gleichmäßig verteilte Seitentriebe besitzen, die sich dem Mitteltrieb unterordnen. Diese pyramidale Krone wäre das ideale Gerüst für den weiteren Aufbau in den nächsten Jahren der Erziehungsphase. Nur bei Pfirsich- und Süßkirschenbäumen kann die Erziehung einer Hohlkrone, also ohne durchgehenden Mitteltrieb, in Frage kommen.

Hohlkrone

Eine Hohlkrone – das ist eine Krone ohne Mitteltrieb – ist unnatürlich, weil jeder gesunde Baum einen oder mehrere gerade, aufrechte Triebe hervorbringt. Dennoch kann die Erziehung zur Hohlkrone gelegentlich in Frage kommen. So etwa, um Süßkirschen niedriger zu halten oder um Pfirsiche leichter pflegen zu können. Bei Pfirsichbäumen lohnt sich die Kronenerziehung ohnehin kaum, weil sie oft stark zurückfrieren. Wenn Sie beispielsweise nicht auf einen Süßkirschenbaum verzichten wollen, aber kein hoher Baum in den Garten paßt, läßt sich die sonst sehr starkwüchsige Süßkirsche durch die Hohlkronenerziehung etwas niedriger halten als bei einer Erziehung mit pyramidaler Krone, weil die Pflanzensäfte nicht in einen einzigen Mitteltrieb fließen, sondern auf drei Triebe verteilt werden.

Dazu schneidet man bereits beim Pflanzschnitt den Mitteltrieb weg und läßt nur drei bis vier kräftige, gut angeordnete, schräg aufrechte Seitentriebe stehen. Diese Seitentriebe werden eingekürzt, weil sie dadurch dicker werden als ungeschnitten. Die drei Seitentriebe entwickeln sich nun besonders kräftig und bilden eine Trichter- oder Hohlkrone.
Wenn es aber möglich ist, sollten Sie die Erziehung zur pyramidalen Krone der Hohlkronenerziehung vorziehen, denn Hohlkronen brechen leichter auseinander als Kronen mit durchgehendem Mitteltrieb. Mittlerweile gibt es im übrigen auch Süßkirschen, die klein bleiben. Man kann also von allen Obstarten kleinbleibende Veredelungen bekommen und braucht sie nicht durch den Schnitt zu niedrigem Wuchs zwingen.

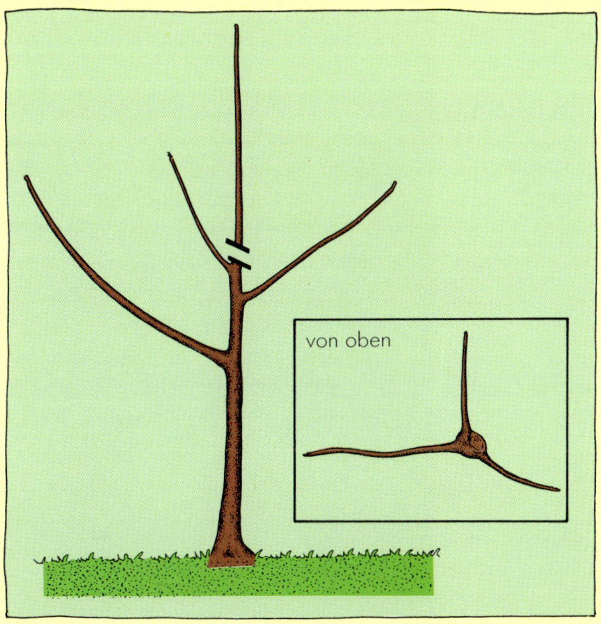

Bei der Hohlkronen-Erziehung nimmt man den Mitteltrieb weg und läßt nur drei bis vier gleichmäßig angeordnete, in verschiedene Richtungen weisende Seitentriebe stehen.

Als **Spalierobstgehölz** eignen sich nur schwachwüchsige Züchtungen, die sich leicht formieren und in Form halten lassen. Starkwüchsige Obstbäume, die beispielsweise auf Sämlinge veredelt sind, treiben viel zu stark und eignen sich allenfalls für formlose Spaliere an hohen Wänden. Es kommen in Frage: ein Apfelspindelbusch, ein Birnbaum auf Quitte veredelt, eine Sauerkirsche, eine Aprikose, ein Pfirsich, eine Weinrebe, eine Kiwi (bzw. wegen der Befruchtung zwei) oder eine Brombeere.
Die ausgewählte Jungpflanze wird entweder nur entspitzt, wenn sie eintriebig ist, oder wenn sie bereits verzweigt ist nach dem Pflanzen zunächst »auf einen Trieb gesetzt«. Man läßt dabei den kräftigsten Trieb stehen und schneidet alle anderen weg. Anschließend wird er eingekürzt, und zwar so, daß die obersten Knospen etwa in Höhe der untersten Querstrebe des Spaliers sind. Durch den Schnitt angeregt, treiben diese obersten Knospen bald aus.
Beim Schnitt der **Sträucher** ist die Formgebung weniger wichtig. Vielmehr geht es darum, von Anfang an lichte Büsche zu erziehen. Dazu schneidet man schon beim Pflanzschnitt alle schwachen und zu eng stehenden Triebe weg, so daß lediglich einige kräftige Triebe übrigbleiben, aus denen sich ein gesunder, reichtragender Strauch entwickeln kann.
Bei Sträuchern ohne Ballen werden die Triebe dann noch etwa um die Hälfte eingekürzt und auch die Wurzeln geschnitten. Ebenso wie bei den Bäumchen genügt es, dürre, abgebrochene und zu lange Wurzeln zu entfernen beziehungsweise einzukürzen. Sträucher mit Ballen brauchen in der Regel nur ausgelichtet werden.
Bei veredelten **Weinreben**, meist als Topfpflanzen im Angebot, stellt man

Weinreben setzt man »auf einen Trieb«: Nur der Haupttrieb bleibt erhalten, Seitentriebe werden entfernt.

den Haupttrieb frei; der kräftigste Trieb bleibt dabei erhalten, während alle übrigen Triebe entfernt werden. Weiterhin entfernt man – falls nötig – die Wildtriebe aus der Veredelungsunterlage. Danach wird der Trieb entspitzt (über einer Knospe eingekürzt), damit er kompakt wächst und im kommenden Jahr unterhalb der Schnittstelle kräftige Seitentriebe hervorbringt. Bei Brombeeren und Kiwis, die meist mehrtriebig sind, genügt es, die schwächsten Triebe zu entfernen und die kräftigen etwas einzukürzen.
Beim Pfirsich, der meist als eintriebige Veredelung mit Seitenverzweigung angeboten wird (ähnlich wie ein Heister beim Walnußbaum), schneidet man alle Seitentriebe glatt am Stamm weg und kürzt den Mitteltrieb etwa um die Hälfte ein. Bei Nußbäumen werden nur schwache, kranke und nach innen wachsende Triebe entfernt. Die übrigen bleiben unbeschnitten.

Der Erziehungsschnitt

Beim Pflanzschnitt wurden die Stammhöhe und die Kronenform bereits festgelegt. Der Erziehungsschnitt ist die Fortführung des Pflanzschnitts. Allerdings sind auch manchmal Änderungen nötig und möglich.

Die Grundlagen der Erziehung

Zunächst ist es wichtig, daß jedes Stämmchen gerade steht. Wenn beim Pflanzen nicht gepfählt wurde und ein Stämmchen schief steht, muß nachträglich gepfählt werden. Dazu schlägt man einen Baumpfahl in geringem Abstand zum Stämmchen senkrecht in den Boden und bindet es daran fest. Die Stütze muß stabil sein und die Schnur straff sitzen. Zwischen dem Stämmchen und dem Pfahl baut man einen puffernden Knoten ein, damit die Rinde nicht am Pfahl scheuert. Die Jungpflanze kann jetzt zunächst einmal in Ruhe festwurzeln und einen kräftigen, geraden Stamm entwickeln. Nach etwa zwei bis drei Jahren hat sie sich in der Regel gut verankert, und die Stütze kann entfernt werden. Nur Buschbäumchen, die auf sehr schwachwachsende Unterlagen veredelt sind, brauchen auf Lebenszeit einen Pfahl, weil sie nur wenige schwache Wurzeln entwickeln.
Nun können beim Pflanzschnitt vergessene oder seither neu gebildete Wildtriebe aus der Veredelungsunterlage entfernt werden. Dann geht es in die Krone. Hier haben sich infolge des starken Rückschnitts beim Pflanzen viele Triebe gebildet (vorausgesetzt, der Baum ist richtig angewachsen). Die Krone muß deshalb geordnet werden, das heißt, der Mitteltrieb und die erhaltenswerten Seitentriebe sind freizustellen. Dazu entfernt man alle störenden Triebe und läßt diejenigen stehen, die für den Aufbau der Krone zu gebrauchen sind. Bevor Sie aber zur Schere greifen, sollten Sie die Krone begutachten und gezielt auswählen und festlegen, welche Triebe gebraucht und erhalten werden und welche stören und zu entfernen sind.
Beginnen Sie schon im ersten Jahr nach der Pflanzung mit der Erzie-

hung und schneiden Sie die darauffolgenden Jahre regelmäßig. Versäumnisse und Fehler bei der Erziehung der Kronen lassen sich später kaum noch gut machen, weil beispielsweise krumme Gipfeltriebe verholzen und dann kaum noch korrigierbar sind; oder störende Zweige, die man nicht rechtzeitig entfernt, werden ständig dicker und können nachträglich nur mühsam und zum Nachteil der Bäume weggeschnitten werden.

Einige Obstsorten haben eine ausgeprägte typische Wuchsform. Der Apfel 'Jonathan' z. B. wächst deutlich überhängend; er sollte schon bei der Erziehung verstärkt zu waagrechtem Wuchs angeregt werden.

Individuelle Erziehungsmethoden

Spätestens beim Erziehungsschnitt sind die Unterschiede zwischen den Obstarten zu berücksichtigen. Während Apfelbäume von Natur aus ziemlich waagrecht ausladende Seitentriebe entwickeln, bringen die Süßkirschen schräg abstehende und die Birnbäume steil aufrechtstrebende Triebe hervor. Die Sauerkirschen wachsen in der Jugend zunächst aufrecht, später neigen sie jedoch zu überhängendem Wuchs. Pflaumen, Renekloden und dergleichen treiben ziemlich steil aufragende Triebe, Aprikosen wachsen sparrig aufrecht, Pfirsichbäume streben mehr in die Breite. Nußbäume sind bekannt für ihre breit ausladenden Kronen. Quitten schließlich haben einen ähnlichen Wuchs wie Apfelbäume und streben breit aufrecht.

Es gibt sogar noch innerhalb jeder Obstart Sortenunterschiede. So wächst zum Beispiel der 'Boskoop' auffällig breit ausladend, während der 'Golden Delicious' eher aufrechte Triebe hervorbringt. Bei den Süßkirschen ist beispielsweise die 'Große Prinzeßkirsche' durch einen relativ breit ausladenden Wuchs gekennzeichnet, während 'Schneiders Späte Knorpelkirsche' halb aufrechte Seitentriebe entwickelt.

Bei den Birnen ist für 'Williams Christ' ein halb aufrechter Wuchs typisch, während 'Gellerts Butterbirne' auffällig steil nach oben strebt. Weitere Eigenheiten sind in

den Kapiteln ab Seite 46 bzw. 56 beschrieben.
Jedenfalls sollte jeder Obstbaum naturnah erzogen werden, das heißt, der für ihn typische Charakter sollte erhalten bleiben. Der Erziehungsschnitt dient nur dazu, die natürliche Kronenentwicklung zu fördern. Dazu gehört grundsätzlich, daß man die Entwicklung eines gerade durchgehenden Mitteltriebes sowie gleichmäßig darum angeordneter Seitentriebe unterstützt. Je nach Art und Sorte dürfen diese mehr oder weniger waagrecht stehen.
Bei Spalierbäumen dient nicht der natürliche Wuchscharakter zur Orientierung für den Schnitt, sondern eben das Spalier, an welches die Bäume streng angepaßt werden. Das gilt auch für die Kletterpflanzen unter den Obstgehölzen. Bei Sträuchern ist der Erziehungsschnitt weniger entscheidend, weil sie keine Leitäste entwickeln, sondern mehr oder weniger Bodentriebe hervorbringen, die nur ausgelichtet werden müssen.

Erziehung der pyramidalen Krone

Grundsätzlich bleiben zunächst die beim Pflanzschnitt gebildeten drei bis vier Seitenleittriebe erhalten. Diese Triebe sind während der Anwachsphase verholzt und dicker geworden. Außerdem haben sie zahlreiche Jungtriebe (Austriebe aus Seitenknospen) hervorgebracht. Der Mittelleittrieb wird nun weiter nach oben verlängert; dazu dient in der Regel der Jungtrieb, der sich aus der obersten Knospe entwickelt hat. Wenn er nicht gerade und aufwärts wächst, wird er an einen Bambusstab geheftet. Um die Seitenverzweigung des jungen Mittelleittriebes im nächsten Jahr anzuregen, wird er entspitzt (über einer Knospe eingekürzt).
Der behandelte Mittelleittrieb dient nun zur Orientierung für den weiteren Erziehungsschnitt des Bäumchens. Er muß nämlich über den Seitenleittrieben stehen, damit sich eine pyramidale Krone bilden läßt.

Unmittelbar unterhalb des Mittelleittriebes haben sich einige Jungtriebe entwickelt, die mehr oder weniger steil aufrecht stehen. Aus diesen Trieben kann nun eine zweite Seitenleittrieb-Etage gebildet werden, etwa 30–50 cm über der ersten Etage, die beim Pflanzschnitt aus drei bis vier Seitentrieben entstanden ist.
Im Erwerbsobstbau ist die Erziehung in mehreren Etagen nicht üblich – da überwiegend Spindelbuschbäume kultiviert werden, die keine symmetrisch angeordneten Seitenleitäste haben. Im Garten jedoch, vor allem bei **Buschbäumen, Halb- und Hochstämmen,** kann die Erziehung von etagenförmig angeordneten Seitenleitästen durchaus empfohlen werden, weil die Kronen dadurch übersichtlich und leicht zu pflegen sind. Nach der Erziehung kann man sich gut an den Etagen orientieren und braucht nur auslichten.
Bei **Spindelbuschbäumen** in den Plantagen legt man keinen Wert auf Seitenleitäste und schon gar nicht auf weitere Etagen, weil die Bäume niedrig und schmal bleiben sollen. Hier werden die kräftigen Seitenäste sogar entfernt und durch schwächere ersetzt.
Ansonsten ist bei Äpfeln, Birnen, Süßkirschen und anderen die Erziehung von Etagen naheliegend, weil diese Obstbaume durch ihren jährlichen Zuwachs von selbst Etagen entwickeln: Knospen, die überhalb der Seitenleitäste am Mitteltrieb sitzen, treiben erneute Seitentriebe, welche die zweite Etage bilden können.

Zunächst störende Triebe entfernen, wie etwa zu steile oder Konkurrenztriebe zum Gipfel. Danach zu lange Triebe einkürzen und die »Saftwaage« herstellen, so daß ein pyramidales Kronengerüst entsteht.

Durch das Einkürzen der Triebe hat sich die Krone verzweigt (links). Aus den Knospen unmittelbar hinter den Schnittstellen sind mehr oder weniger kräftige Triebe gewachsen. Durch erneutes Entspitzen ein Jahr später wird die Krone zu weiterer Verzweigung angeregt (rechts).

Die Etagen müssen nicht streng angeordnet sein. Die Seitenleittriebe können in unterschiedlichen Höhen am Stamm sitzen. Allerdings sollte man gleichmäßig angeordnete Triebe auswählen, die in verschiedene Richtungen weisen. Die jungen, noch elastischen Triebe werden dazu abgespreizt oder abgesenkt und dann auf Außenaugen abgelenkt, also jeweils über einer nach außen weisenden Knospe abgeschnitten.
Achten Sie jedoch darauf, daß alle Triebe etwa gleich lang sind und ihre Enden etwa in der selben Höhe stehen. Man sagt, die Triebe sollen »in der Saftwaage stehen«: Die Endknospen sollen sich etwa in der gleichen Höhe befinden, damit sie gleichermaßen vom Saftstrom versorgt werden. Höherstehende Knospen werden nämlich besser versorgt als tieferstehende, das heißt sie bringen kräftigere Triebe hervor, welche die Symmetrie der Krone stören. Nachdem der Mittelleittrieb behandelt und die oberste Seitenleittrieb-Etage gebildet ist, wird die untere Seitenleittrieb-Ebene behandelt.
Die drei oder vier beim Pflanzschnitt erhaltenen seitlichen Leitäste haben sich mit der Zeit gekräftigt und verzweigt. Insbesondere aus den Endknospen sind kräftige Triebe entsprungen, die jetzt für die Verlängerung der Seitenleittriebe genutzt und dazu abgespreizt oder auf Außenaugen abgelenkt werden, damit sie wiederum nach außen wachsende Jungtriebe hervorbringen. Auf diese Weise erzielt man eine mehr oder weniger weit ausgebreitete Krone. Jeder Seitenleittrieb hat außer dem Endtrieb noch weitere Seitentriebe hervorgebracht. Einige davon bleiben erhalten, insofern sie nach außen wachsen und zur Entwicklung der Krone beitragen. Zu eng stehende und sich gegenseitig behindernde, sowie steile, schwache, überhängende und nach innen wachsende Triebe werden entfernt oder auf Außenaugen abgelenkt.
Jeder seitliche Leitast sollte gleichermaßen gut mit Seitentrieben garniert sein. Zum Teil haben sich auch schon Fruchttriebe gebildet, die an besonders dicken Knospen erkennbar sind und die natürlich erhalten bleiben.
Nun ist der erste Erziehungsschnitt erledigt, und die ausgelichtete, geordnete Krone kann sich weiter entwickeln. In den nächsten zwei bis drei Jahren wird der Erziehungsschnitt gleichermaßen fortgeführt (siehe auch Instandhaltung).

Hohlkronen-Erziehung

Im Unterschied zur Pyramidenkrone, die durch einen senkrechten Mittelleittrieb geprägt ist, hat die Hohlkrone drei aufrechte Leittriebe, die schräg nach außen wachsen. Bei der Erziehung werden diese Leittriebe durch geeignete Jungtriebe immer weiter verlängert. Zudem fördert man den Austrieb von Seitentrieben durch das Einkürzen der Endtriebe. Die Seitentriebe sollten möglichst waagrecht angeordnet sein. Falls nötig, werden sie abgespreizt oder abgesenkt.

Anders als bei der Pyramidenkrone werden die Seitentriebe nicht zu kräftigen, dominanten Seitenleittrieben erzogen. Sie sollten vielmehr durch den Rückschnitt kurz gehalten, zur Verzweigung und somit zur Entwicklung von Fruchtholz angeregt werden.
Auch bei der Hohlkronenerziehung fördert man den Austrieb nach außen wachsender Triebe. Nach innen, also in die Krone wachsende und steile Triebe werden entfernt beziehungsweise nach außen gelenkt. Weiterhin wird die Entwicklung eines senkrechten Mitteltriebes gezielt verhindert, damit die drei schräg aufrecht wachsenden Leittriebe dominant bleiben und die typisch trichterförmige Krone erhalten bleibt.

Spalier-Erziehung

Eine Ausnahme stellen die Spalierbäume und die Kletterpflanzen dar. Sie werden durch den Schnitt streng erzogen und in Form gehalten. Bei **Weinreben** und anderen Kletterpflanzen spielt es keine Rolle, ob sie – wie in freier Natur – auf Bäume ranken oder im Garten an Spalieren gezogen werden. Am Spalier werden sie lediglich etwas ordentlicher gezogen sowie mehr oder weniger stark geschnitten.
Der Trieb aus der obersten Knospe wird senkrecht am Spalier befestigt, zwei weitere Triebe aus den darunter sitzenden Knospen werden jeweils nach links und rechts waagrecht geheftet. Die drei Triebe werden schließlich entspitzt und so zur Verzweigung angeregt. Außerdem werden aus der Reihe wachsende, also vom Spalier weg weisende Triebe entfernt.
Im folgenden Jahr entwickelt sich am Mitteltrieb wiederum ein kräftiger, senkrechter Trieb aus der obersten Knospe, außerdem ent-

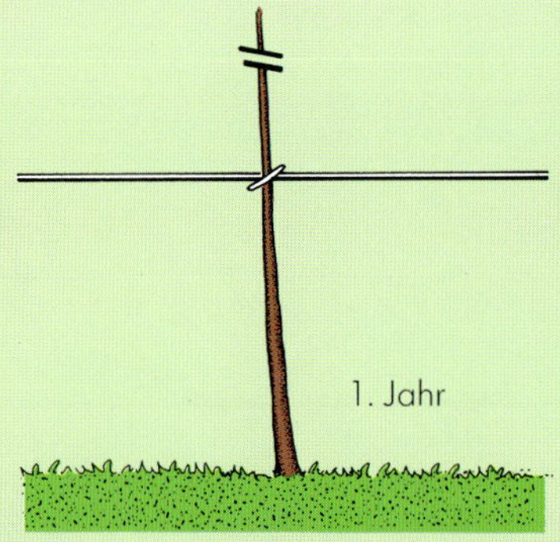

Bei der Pflanzung wird der Spalierbaum stark zurückgeschnitten, um das Anwachsen zu erleichtern. Die eintriebige Veredelung wird dadurch außerdem zur Verzweigung angeregt. Der gezielte Rückschnitt oberhalb der untersten Strebe des Spaliers bewirkt eine Verzweigung in dieser Höhe.

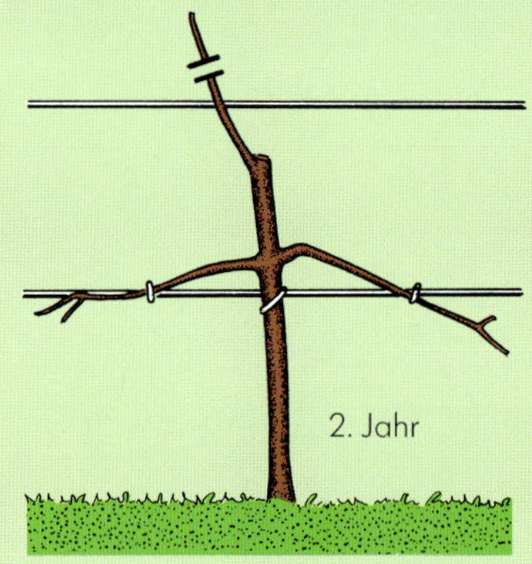

Im Jahr nach der Pflanzung verzweigt sich das Spalierbäumchen. Im darauffolgenden Winter wird die erste Etage der Palmette gebildet. Dazu heftet man zwei geeignete Seitenleittriebe links und rechts sowie den Mittelleittrieb senkrecht ans Spalier. Der Mittelleittrieb wird wiederum etwa in Höhe der zweiten Etage eingekürzt.

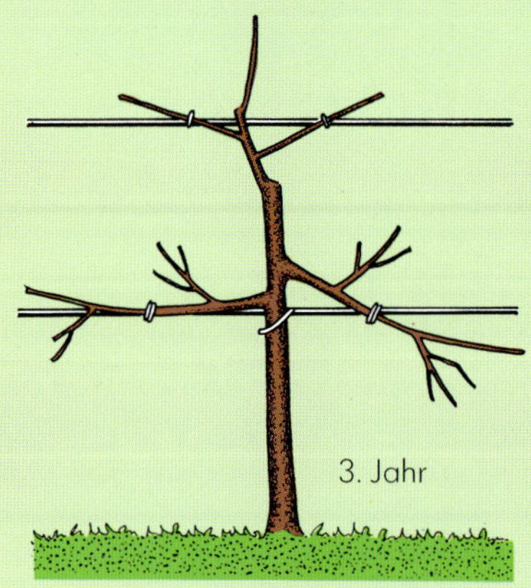

Ein Jahr danach bleiben erneut zwei junge Seitentriebe erhalten und werden an die zweite Etage geheftet. Außerdem haben sich die Seitenleittriebe der ersten Etage verzweigt. Lange Triebe kürzt man ein, kurzes Fruchtholz bleibt erhalten. Beide Seitenleittriebe werden waagrecht weitergeführt.

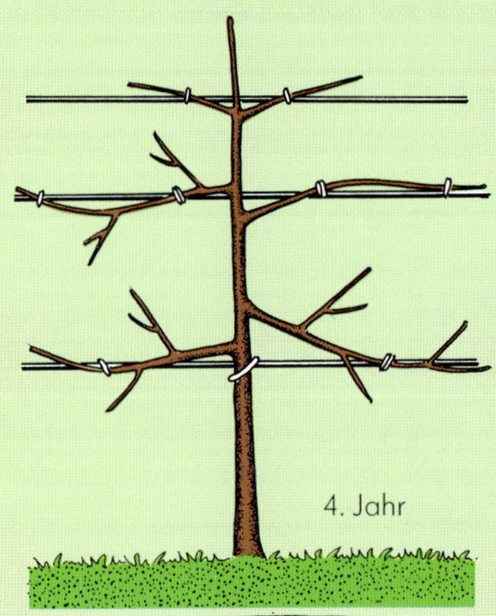

Wieder ein Jahr später wird die dritte Etage gebildet. Die erste und zweite Etage breiten sich weiter aus und entwickeln zunehmend Fruchtholz. In den nächsten Jahren wird das Spalier gleichermaßen weiter ausgebaut.

springen weitere Triebe aus den darunter sitzenden Knospen. Den obersten Trieb bindet man wieder senkrecht fest, die Triebe aus den daruntersitzenden Knospen heftet man links und rechts an die nächste Querstrebe des Spaliers. Die neuen Austriebe aus den Endknospen der ersten Etage heftet man ebenso links und rechts waagrecht.
Auf diese Weise wird das Spalierobst von Jahr zu Jahr nach oben und zu den Seiten erweitert. Je nach Obstart bildet sich nach etwa zwei bis drei Jahren an den waagrechten Trieben Fruchtholz, das beim **Kern- und Steinobst** erhalten bleibt und nicht geschnitten wird, anders als beim Weinstock. Dessen Fruchttriebe werden im Spätwinter auf Stummel mit jeweils drei bis sieben Knospen zurückgeschnitten.
Die beschriebene Spalierform heißt Palmette. Sie eignet sich zur Anlage und Erziehung von Obsthecken. Andere Erziehungsformen sind zum Beispiel der Schnurstock oder das Fächerspalier. Beim Schnurstock erzieht man keine Seitenleittriebe, sondern führt einen Trieb entweder senkrecht nach oben oder waagrecht etwa an einem Zaun entlang und fördert durch das regelmäßige Einkürzen die Garnierung dieses Hauptleittriebes, also den Austrieb von Seitentrieben.

Beim Sommerschnitt werden störende Triebe ausgelichtet und die jungen erhaltenswerten Triebe an das Spalier geheftet.

Unbrauchbare Triebe, die sich nach dem Rückschnitt entwickelt haben, schneidet man weg oder kürzt man ein und regt sie zur Fruchtknospen-Entwicklung an.

Die Seitentriebe werden kurz gehalten und durch den Rückschnitt zur Entwicklung von Fruchtholz angeregt. Beim Fächerspalier fördert man die Entwicklung mehrerer Hauptleittriebe und ordnet diese fächerförmig am Spalier an, indem sie gleichmäßig verteilt in verschiedene Richtungen gelenkt und geheftet werden. Die Hauptleittriebe kürzt man jährlich ein, um auch hier die Garnierung mit Fruchtholz zu fördern. Mit den kräftigen Trieben aus den Endknospen wird das Fächerspalier von Jahr zu Jahr erweitert.
Bei **Brombeeren** und **Kiwis** werden die Triebe von Jugend an gleichmäßig an das Spalier verteilt und geheftet. Ein besonderer Erziehungsschnitt ist hier nicht nötig. Später müssen diese Kletterpflanzen nur regelmäßig ausgelichtet werden, wobei man bei Brombeeren einige alte Triebe am Boden wegnimmt. Bei Kiwis kürzt man nur die Seitentriebe ein, die sich aus den Haupttrieben entwickeln.

Instandhalten und Verjüngen

Auslichten

Etwa drei bis fünf Jahre nach dem Pflanzen (bei Buschbäumen früher, bei Hochstämmen später) ist die Kronenform festgelegt und die Erziehung nahezu abgeschlossen, obwohl die Entwicklung des Baumes natürlich noch weitergeht. Jetzt sind jedoch nur noch wenige kleine Eingriffe nötig.
Insbesondere ist es wichtig, die erzogene Kronenform zu bewahren und das Geäst licht zu halten. Dazu müssen alle störenden Triebe regelmäßig beim Winterschnitt entfernt werden. Gleichzeitig achtet man darauf, das Fruchtholz zu bewahren und dessen Entwicklung zu fördern.

Störende Triebe entfernen

Gewöhnlich genügt es, Konkurrenztriebe zum Mitteltrieb zu entfernen und zu eng stehende sowie überkreuzte Seitentriebe auszulichten; bei starkwüchsigen Bäumen mehr, bei schwachwüchsigen weniger. Dabei geht man am besten von unten nach oben in der Krone vor. Meist ist ein hochstehender Seitentrieb des Seitenleitastes dominant und überragt die anderen. Wenn er sehr steil nach oben wächst, spreizt oder senkt man ihn ab oder lenkt ihn auf ein Außenauge bzw. auf einen nach außen weisenden Trieb ab. Die übrigen langen Seitentriebe, die nach dem Auslichten an jedem Seitenleitast erhalten geblieben sind, werden eingekürzt und dem Endtrieb untergeordnet. Durch das Einkürzen werden sie außerdem zur Entwicklung von Fruchtknospen angeregt.
Störend sind im übrigen die meisten Triebe, die sich im Innern der Krone neu gebildet haben. Vor allem steile (sogenannte Wasserschosse) und nach innen wachsende Triebe. Sie tragen kaum zur Versorgung des Baumes bei und bringen selten Früchte hervor. Nach innen wachsende Triebe sind relativ wertlos, weil sie kaum Licht bekommen, bald vergreisen und absterben. Vor allem behindern sie den Aufbau einer lichten, sich öffnenden Krone. Sie werden unmittelbar an der Austriebsstelle weggeschnitten. Einige Wasserschosse können eventuell erhalten bleiben, wenn sie günstig stehen und durch Abspreizen, Absenken bzw. durch den Schnitt auf Außenaugen in Lücken gelenkt werden.
Auf jeden Fall wird durch das Entfernen aller störenden Triebe nicht nur für eine lichte Krone gesorgt, sondern auch die Vitalität gefördert. Es sollte jährlich geschehen, denn sonst bedrängen die störenden Triebe bald die erhaltenswerten Kronenäste. Außerdem verholzen sie und sind dann nur mit Mehraufwand zu entfernen. Aus Wasserschossen beispielsweise werden Reiter, das sind besonders kräftige steile Triebe, die andere wichtige Kronentriebe bedrängen und von den Pflanzensäften zehren. Sie hinterlassen große Lücken, wenn sie zu spät entfernt werden. Natürlich sollten auch alle Wildtriebe regelmäßig ausgeschnitten werden, die unterhalb der Krone aus dem Stamm oder aus dem Boden wachsen. Damit ist die meiste Arbeit schon geschehen, die Krone ist wieder übersichtlich und kann im üblichen Rahmen weiter behandelt werden.

Je besser die Erziehung ...

Bei einer gut erzogenen Krone macht das Auslichten keine Mühe, weil ja das in den Jahren vorher erzogene Kronengerüst zur Orientierung dient. Daran muß gewöhnlich nichts geändert werden. Nur der Neuzuwachs der vergangenen Saison ist zu behandeln. Während der Erziehung haben sich kräftige Seitenleitäste gebildet, die sich jährlich weiter entwickeln und durch mehr oder weniger kräftige Endtriebe ausbreiten. Bei starkwüchsigen Bäumen können diese Jahrestriebe etwa einen halben Meter lang sein. Weniger wüchsige Bäume

Beim Auslichten gilt es hauptsächlich, alle nach innen wachsenden, schwachen, kranken und anderen störenden Triebe zu beseitigen. Einige davon lassen sich – falls nötig – für den Aufbau nutzen: etwa als Ersatz für mangelnde Leittriebe in Lücken lenken oder durch den Rückschnitt in Fruchtholz umwandeln.

bringen etwa 20–30 cm lange Triebe hervor.
Kurze Triebe und die an den dicken Fruchtknospen erkennbaren Fruchttriebe bleiben gänzlich unbehandelt. Fruchttriebe können je nach Obstart und Sorte unterschiedlich aussehen. So bringen manche Sorten langes, andere mittellanges und wieder andere kurzes, schrumpeliges Fruchtholz hervor.
Durch den Instandhaltungs- oder Auslichtungsschnitt wird die Entwicklung und ständige Erneuerung von Fruchtholz gefördert. Außerdem regt der Schnitt zur ständigen Entwicklung von wüchsigen Jungtrieben an, die für die weitere Entwicklung und für die Vitalität jedes Baumes wichtig sind.
Auch hier gilt die Regel vom Verhältnis des Rückschnitts zum Neuzuwachs: »Je stärker der Schnitt, umso kräftiger der Austrieb«. Man könnte sie hier um den Zusatz erweitern: »Und umso geringer der Ertrag«. Greifen Sie deshalb maßvoll ein und schneiden Sie nur soviel wie nötig, um die Bäume nicht übertrieben zu starkem Wuchs anzuregen, der schließlich auf Kosten der Früchte geht.
Allerdings kann bei einigen Obstbäumen, besonders bei Buschbäumen, die oft schon ab dem zweiten und dritten Standjahr tragen, ein kräftiger Rückschnitt förderlich sein. Und zwar dann, wenn sie schon früh vergreisen, also kaum noch wachsen, weil sie sich bei der Fruchtentwicklung verausgabt haben.

Es genügt in der Regel, die störenden Triebe auszuschneiden, um die Krone licht zu halten.

Aufbau eines dreijährigen Seitenleitastes: Am ältesten Teil hat sich bereits Fruchtholz gebildet. Das zweijährige Holz, das sich nach dem Rückschnitt entwickelt hat, ist mit Frucht- und Blatttrieben besetzt. Der einjährige Trieb verzweigt sich erst.

Auch Sträucher regelmäßig auslichten

Bei Obststräuchern ist in der Regel keine besondere Formgebung oder Erziehung nötig. Sie bringen nahezu parallel stehende, aufrechte Triebe hervor, die meist im zweiten oder dritten Jahr fruchten. Die Triebe, die also im Sommer wachsen, blühen und fruchten im nächsten bzw. übernächsten Jahr.
Der Auslichtungsschnitt jedoch ist auch bei Sträuchern wichtig. Denn wenn sie nicht geschnitten werden, wachsen sie zu undurchdringlichen Büschen zusammen. Mit der Zeit verkahlen sie im Innern und vergreisen.
Das Auslichten der Sträucher ist jedoch meist damit getan, daß einige alte Triebe direkt am Boden weggenommen werden, so daß wieder Licht ins Strauchwerk dringen und kräftiger Nachwuchs wachsen kann. Neben einigen alten schneidet man auch die schwachen jungen Triebe direkt am Boden weg. Nur die kräftigeren Jungtriebe bleiben erhalten.

Beim Beerenobst ist es nützlich, regelmäßig einige alte Triebe in Bodennähe zu entfernen, um den Neuaustrieb anzuregen.

Einkürzen braucht man die Triebe in der Regel nicht, weil sie auch so genügend Fruchtknospen und -triebe entwickeln. Außerdem würden sie sich durch das Einkürzen verzweigen, was bei ohnehin buschigen Arten nicht wünschenswert ist. Nur bei Jungpflanzen mit wenigen Trieben kann das Einkürzen zur Förderung von neuen Trieben nützlich sein.
Kletterpflanzen werden ebenso jährlich ausgelichtet, damit sie gesund und wüchsig bleiben und an kräftigen Trieben reichlich fruchten. Bei ihnen müssen die Triebe nach dem Auslichten wieder bzw. neu an das Klettergerüst geheftet werden.
Beim Weinstock kann ein scharfer Rückschnitt, anders als beim übrigen Obst, durchaus ertragsfördernd sein. Durch das Einkürzen der oft meterlangen Jahrestriebe auf Stummel mit wenigen Augen entwickeln sich zwar weniger Trauben als nach einem maßvollen Schnitt, diese reifen aber besonders gut aus und erreichen eine bessere Qualität.

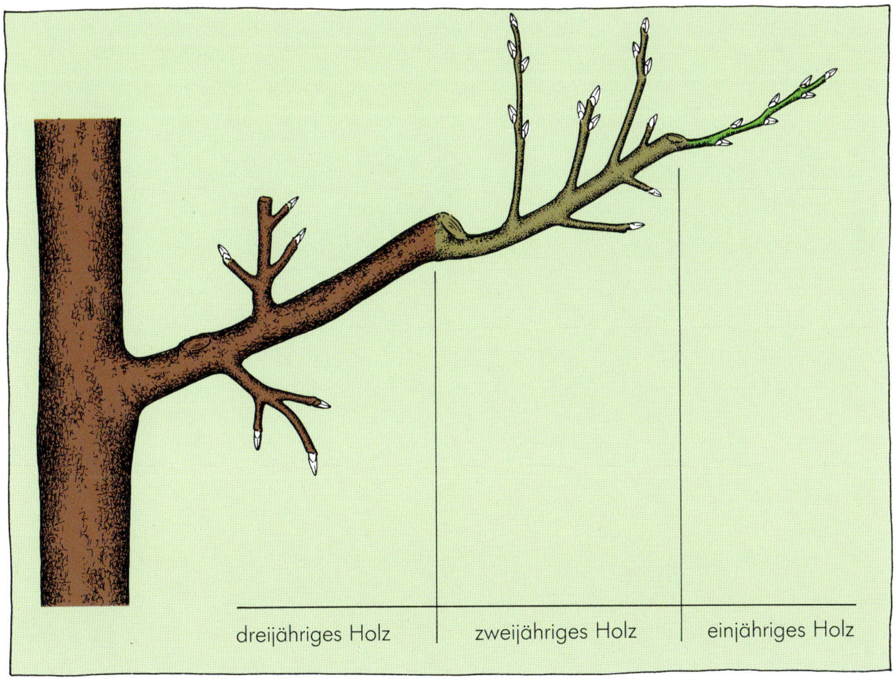

Der Verjüngungsschnitt

Wie der Name andeutet, wird der Verjüngungsschnitt bei alten Pflanzen angewandt. Wenn nach Jahren der Ertrag und die Wüchsigkeit nachlassen, kann dadurch der Austrieb junger Triebe und die Entwicklung von neuem Fruchtholz angeregt werden. Der Alterungsprozeß ist im übrigen von der Art und mitunter von der Sorte abhängig. So vergreisen beispielsweise Sauerkirschen schon ziemlich früh und brauchen die Verjüngung schon in recht jungen Jahren, während Süßkirschenbäume zwanzig Jahre und mehr gesund gedeihen und nicht verjüngt werden müssen.
Der Verjüngungsschnitt ist auch bei verwilderten Kronen nötig, die jahrelang vernachlässigt wurden und dadurch ein unübersichtliches Zweiggewirr getrieben haben. Für diese Bäume ist er oft die »letzte Rettung«.

Maßvoll eingreifen

Beim Verjüngen wird meist sehr stark in die bestehende Krone eingegriffen, mitunter werden auch dicke Äste entfernt. Um den Schaden für das Gehölz möglichst gering zu halten und einen zu enormen Saftverlust zu vermeiden, darf nur im Winter verjüngt werden. Bei manchen Gehölzen kommt der Saftstrom schon im Spätwinter in Wallung (z. B. bei Weinreben). Hier muß die Verjüngung etwa im Februar abgeschlossen sein, sonst bluten die Wunden stark, was den Pflanzen natürlich schadet.

Verjüngung – auch für junge Bäume!

Bei jungen, noch wüchsigen Kronen, die anfangs richtig erzogen, aber dann einige Jahre nicht geschnitten wurden, ist es in der Regel nur nötig, alle störenden, nach innen wachsenden, steilen Triebe usw. zu entfernen und so die erhaltenswerten Hauptleitäste freizustellen. Nach diesem Auslichten und Ordnen sind die Kronen ausreichend verjüngt und brauchen in den Jahren danach nur wie üblich ausgelichtet werden.

Bei sehr alten beziehungsweise sehr vernachlässigten Kronen muß der Verjüngungsschnitt eventuell sogar auf mehrere Jahre verteilt werden. Die meisten Obstgehölze vertragen aber einen starken Rückschnitt ins alte Holz und regenerieren sich meist schon im Jahr nach dem Rückschnitt. Ausgenommen sind **Süßkirschen** sowie **Nußbäume,** die ohnehin nach der Kronenerziehung nur sehr wenig geschnitten werden.
Vor der Verjüngung ist eine genaue Betrachtung der Krone nötig, um die erhaltenswerten und die störenden Zweige zu erkennen. Vielleicht ist sogar noch das alte symmetrische Astgerüst erkennbar, das nur freigeschnitten zu werden braucht. Andernfalls muß eine völlig neue Krone gebildet werden.
Dazu sucht man zunächst einen möglichst senkrechten Mittelleittrieb und geeignete seitliche Leitäste. Der Mittelleittrieb wird dann freigeschnitten, das heißt man entfernt alle störenden Konkurrenztriebe. Falls nötig muß hier mit der Säge eingegriffen werden, wenn ein alter doppelter Gipfel zu beseitigen ist. Als Seitenleitäste wählt man möglichst waagrecht stehende, gleichmäßig rund um den Stamm an-

Bei überalterten Bäumen kann es nützlich sein, einen Teil des ertragsarmen Fruchtholzes zu entfernen.

geordnete Äste. Wenn die Äste in Etagen angeordnet sind, bleiben pro Etage drei bis fünf in verschiedene Richtungen stehende Äste erhalten und werden freigeschnitten, also von Reitern, dürrem Holz und dergleichen befreit. Andernfalls läßt man einige brauchbare, möglichst waagrechte und gleichmäßig verteilte Äste stehen und nimmt sie als Seitenleitäste. Zu steil stehende Äste werden auf waagrechte Seitentriebe abgelenkt. Lücken, die nicht durch alte Äste beziehungsweise durch Seitentriebe ausgeglichen werden können, lassen sich eventuell durch Wasserschosse schließen, die abgesenkt und befestigt werden.

Nach- und Nebenwirkungen

Es kann einige Jahre dauern, bis sich solche »Aushilfszweige« zu gleichwertigen Seitenästen entwickelt haben. Im vierten Jahr nach der Verjüngung muß die alte Krone aber ohnehin nachbehandelt werden, weil sich nach dem scharfen Rückschnitt auch viele unbrauchbare Triebe (insbesondere steile Wasserschosse) bilden, die zu entfernen sind. Dabei werden auch die jungen Seitentriebe weiter behandelt.
Durch die Verjüngung wird nicht nur die Entwicklung vieler neuer Wasserschosse, sondern auch vieler junger Seitentriebe angeregt. Darunter sind unter anderem auch junge Fruchttriebe, die sich in äußeren Kronpartien, also an den jüngeren Zweigen der Seitenleitäste bilden. Diese Triebe sind für die Verjüngung der alten Krone wichtig und bleiben erhalten. Man schneidet lediglich zu eng stehende, schwache, nach innen wachsende und überkreuzte Triebe weg und kürzt zu lange Triebe jeweils über einem Außenauge ein.

Wildtriebe, Stammausschläge und Wasserschosse, die sich nach der Verjüngung bilden, sind zu entfernen.

Noch eher als Apfel- und Birnenbäume vertragen **Sauerkirschen** die Verjüngung. Selbst alte Bäume, ungepflegte, verwilderte Kronen mit vielen stark überhängenden Zweigen können noch verjüngt werden. Die Zweige werden nach dem Auslichten stark eingekürzt, und zwar jeweils an einem waagrecht stehenden kurzen Seitentrieb oder an einer Knospe, so daß alle überhängenden Triebe wegfallen. Dadurch treiben im Jahr nach dem Schnitt aufrecht stehende Jungtriebe, und die Krone wird wieder licht und luftig. Schon im Jahr nach dem Schnitt entwickeln sich auch wieder viele junge Triebe, die im nächsten Jahr blühen und fruchten.
Falls keine geeigneten Leitäste zu finden sind, kann man Sauerkirschen sogar radikal stutzen. Die alten Äste werden dazu auf weit im Kroneninneren stehende Jungtriebe zurückgenommen. Daraus läßt sich dann in den nächsten Jahren eine neue Krone aufbauen.
Natürlich ist es immer besser, wenn es gar nicht soweit kommt, indem alle Obstgehölze von Anfang an regelmäßig gepflegt werden. Die Verjüngung ist nur eine durch Versäumnis verursachte Notlösung, die etwa durch den Erwerb eines alten Obstgartens erforderlich wird.
Obststräucher vertragen den Verjüngungsschnitt ohne Schwierigkeiten. Sie treiben sogar wieder

Stammhöhe nachträglich ändern

Die Stammhöhe, also die unterste Seitentriebetage, wird bereits beim Pflanzschnitt festgelegt und bleibt normalerweise lebenslang in der gewünschten Höhe. Zum Beispiel stehen die untersten Seitenäste beim Buschbaum in etwa 50 cm vom Stamm ab, beim Halbstamm in 120 cm usw. Es kann jedoch manchmal nötig sein, die Stammhöhe nachträglich zu ändern, um etwa einen Buschbaum in einen Halbstamm umzuwandeln, weil darunter eine Sitzgruppe entstehen soll. Dann ist es nötig, die untersten Seitentriebe bis zur gewünschten neuen Stammhöhe zu entfernen. Bei alten Bäumen ist dies ein schwerer Eingriff, weil die untersten Seitentriebe ja die ältesten sind und je nach Art und Alter einen Umfang von 20–30 cm und mehr haben können. Die Bäume vertragen aber den Eingriff, wenn in der Saftruhe geschnitten wird und die Wunden richtig nachbehandelt werden. Vor allem ist es dabei wichtig, »auf Astring zu schneiden«, die Äste also direkt am Stamm zu entfernen. Stummel dürfen nicht stehenbleiben.

Durch Entfernen der unteren Äste wird ein Halbstamm zum Hochstamm.

aus, wenn man sämtliche Äste bis zum Boden zurückschneidet, und bauen aus dem Wurzelstock wieder ein neues Strauchwerk auf. Selbst bei völlig verwilderten Büschen genügt es, kräftig auszulichten.

Abwerfen alter Kronen

Wenn ein alter Baum nicht richtig fruchtet, weil eine schlechte Sorte veredelt wurde oder weil er gänzlich wild ist, läßt sich durch den Schnitt und selbst durch radikales Verjüngen keine Verbesserung erzielen. In diesem Fall kann das Abwerfen, also ein radikaler Rückschnitt der Krone auf kurze Stummel, in Frage kommen.
Auch dazu darf nur während der Saftruhe, also im Winter eingegriffen werden. Man wählt einige alte, gleichmäßig angeordnete Seitenäste aus, die etwa in der gleichen Höhe vom Stamm abstehen, und schneidet sie bis auf etwa 30–50 cm lange Stummel jeweils über einem Seitentrieb zurück. Weiterhin ist ein senkrechter Mittelleitast nötig, der ebenso radikal abgeschnitten wird, aber die Seitenäste beziehungsweise die übriggebliebenen Stummel noch überragen muß.
Wieviele Stummel stehenbleiben, ist von der Größe und vom Alter des Baumes und von der Zahl der Äste abhängig. Bei einem relativ jungen Baum mit noch recht dünnem Stamm kann man die Krone eventuell auch ganz abwerfen, indem der Stamm abgeschnitten und dann veredelt wird. Ein alter Baum mit dickem Stamm verträgt diesen starken Rückschnitt schlecht. Hier ist es besser, einige gut verteilte Kronenäste auszuwählen, auf Stummel zurückzuschneiden und diese dann im Frühjahr zu veredeln.

Alle übrigen Äste (z. B. in ungünstige Richtungen weisende oder zu eng stehende) werden ganz, also glatt am Stamm entfernt. Die Schnittwunden sind mit Wundsalbe zu verschließen, zumal es bci alten Bäumen große Sägewunden sind. Danach bleibt der Torso zunächst bis zum Frühjahr stehen.

Beim Abwerfen zum Umveredeln werden alle Kronenäste bis auf kurze Stummel zurückgeschnitten, und zwar am besten jeweils über einem Seitentrieb, der als Zugast dient und verhindert, daß der Stummel austrocknet.

Alte Äste neu veredeln

Vor dem Veredeln schneidet man dann die Stummel nach, weil die Schnittstellen bis dahin meistens eingetrocknet sind. Die Veredelungstriebe müssen jedoch im lebendigen Gewebe sitzen, damit sie anwachsen. Rauhe, ausgefranste Sägeschnitte müssen jetzt mit einem scharfen Messer nachgeschnitten werden.

Zum Veredeln sind Edeltriebe, sogenannte Edelreiser nötig. Sie müssen bereits im Winter während der Saftruhe gewonnen werden. Und zwar schneidet man sie von erhaltenswerten Bäumen, welche die gewünschten Eigenschaften (große, wohlschmeckende Früchte, Frosthärte usw.) haben. Die Reiser müssen im letzten Jahr gewachsen sein. Mehrjährige Reiser sind ebenso wie Wasserschosse oder Fruchttriebe ungeeignet.

Am besten eignen sich kräftige Endtriebe von gesunden Seitenleitästen oder vom Mittelleitast. Natürlich braucht man für die Veredelung jeweils Reiser derselben Art, also für Apfelbäume Apfelreiser usw.

Junge Bäume kann man eventuell völlig abwerfen; also alle Seitenäste entfernen, den Stamm in gewünschter Kronenhöhe abschneiden und veredeln.

Um die Anwachschancen zu erhöhen, setzt man in dicke Zweige oder Stämme mehrere Edeltriebe ein. Die beste Zeit dazu ist etwa im Mai, wenn die Rinde Saft führt und sich leicht lösen läßt (a). Nach dem »Pfropfen hinter die Rinde« mit Bast verbinden und Wachs verstreichen (b). Auch wenn alle Triebe anwachsen bleibt nur einer stehen. Alle übrigen entfernen, um Gabelbildung zu vermeiden (c).

Man kann beliebig viele Sorten auf einen Baum pfropfen. Auf Wunsch erledigt dies ein Gärtner. Mehrfach-Veredelungen sind auch als Jungpflanzen erhältlich.

Nach dem Schnitt werden die Reiser gebündelt, etikettiert und in einem kühlen Raum gelagert. Am besten steckt man sie in eine Kiste mit feuchtem Sand und stellt sie in einen kühlen, dunklen Keller, damit sie bis zum Frühjahr, zur Veredelungszeit, frisch bleiben.
In jeden Stummel setzt man mehrere Reiser. Sie lassen sich einfach durch Rindenpfropfen veredeln. Der etwa scherenlangen Edeltrieb wird dazu unter einer Knospe lang und schräg angeschnitten. Der lange Schnitt ist wichtig, damit eine große Verbindungsfläche mit der Unterlage, also dem alten Baum entsteht. Die Rinde schneidet man bis zum Kambium ein (das ist eine dünne Gewebeschicht, die unter der Rinde liegt) und setzt den Reiser in diese Lücke.
Bei dünnen Unterlagen, etwa bei jungen wilden Obstbäumchen, die veredelt werden, genügt ein Edeltrieb pro Veredelungsstelle; bei dicken Unterlagen setzt man zwei

bis drei Edeltriebe in jeden Aststummel eines Baumes ein, um die Anwachschancen zu erhöhen. Zum Schluß verbindet man das Ganze mit Bast und verstreicht die Schnittstellen mit Baumwachs. Die Chancen, daß die Edeltriebe anwachsen, sind beim Kernobst recht hoch. Sollten schließlich bis zum Frühjahr alle Edeltriebe austreiben, läßt man pro Aststummel nur den kräftigsten stehen. Die anderen schneidet man weg, damit sich der übrige ungehindert entwickeln kann.
Nach dem erfolgreichen Umveredeln muß aus den kleinen Edeltrieben eine völlig neue Krone aufgebaut werden. Im Prinzip ist der Baum jetzt im selben Zustand wie eine Jungpflanze nach dem Pflanzschnitt. Allerdings bringt er durch den enormen Wurzeldruck viele kräftige Jungtriebe aus dem Stamm und den Aststummeln hervor. Diese müssen immer wieder entfernt werden, damit sie die Edeltriebe nicht behindern. Aus den Edeltrieben wird schließlich in den nächsten Jahren eine neue Krone aufgebaut.
Beim Steinobst ist das Abwerfen und Umveredeln schwieriger als beim Kernobst, denn die Anwachschancen sind geringer. Etwas Erfahrung mit dem Veredeln ist aber grundsätzlich bei jeder Obstart empfehlenswert. Andernfalls ist vom Abwerfen und Umveredeln alter Kronen eher abzuraten. Notfalls kann man damit auch einen Gärtner beauftragen, wenn eigene Veredelungsversuche mißlingen.

Hier sind alle drei Edeltriebe angewachsen und haben bereits ausgetrieben. Nur einer davon bleibt erhalten. Er soll die neue Krone bilden.

Schnitt des Kernobstes

Beim Kernobst gibt es unterschiedliche Kronenformen, die von der Art, von der Sorte, von der Unterlage und vom Schnitt beeinflußt werden.
Die Arten, also Apfel-, Birnen- und Quittenbäume, unterscheiden sich in der Wuchsform und -stärke recht deutlich voneinander. So wachsen Apfelbäume breit und kugelig, Birnenbäume ziemlich schlank und aufrecht und Quitten wiederum – ähnlich den Apfelbäumen – breit und kugelig. Während Apfel- und Birnenbäume in der Wuchsstärke ähnlich sind, bleiben Quitten eher niedrig und strauchförmig.
Innerhalb der einzelnen Arten aber gibt es auch enorme Sortenunterschiede. Einige Apfelsorten wachsen steil aufrecht, andere breit aufrecht oder gar überhängend. Bei der Birne besteht das Sortiment vorwiegend aus steil aufrecht wachsenden Sorten, aber auch breit aufrecht wachsende und überhängende sind dabei. Bei den Quitten sind die Sortenunterschiede kaum erkennbar.
Entscheidend werden die Wuchsformen der Apfel- und Birnenbäume von der Veredelungsunterlage bestimmt; das ist das Stämmchen, worauf die Krone veredelt ist.
Beim Apfel gibt es die meisten Unterlagen. Bei der Birne dienen vorwiegend Sämlinge und Quitten als Veredelungsunterlagen, wobei Sämlinge einen kräftigeren und Quitten einen schwächeren Wuchs bewirken. Bei den Quitten selbst kommen ebenfalls nur zwei verschiedene Unterlagen in Frage.
Ob nun die Art, die Sorte oder die Unterlage bestimmend für die Wuchsform ist, läßt sich nicht gemeinsam für alle Obstgehölze definieren. Beim Apfel und bei der Birne ist die Unterlage entscheidend. Bei Zwetschgen, Pflaumen und dergleichen legt eher die Sorte die Wuchsform fest als die Unterlage, zum Beispiel wachsen 'Hauszwetschgen' deutlich schwächer als 'Ontariopflaumen'.
Hier wird deutlich, wie wichtig es ist, die verschiedenen Faktoren zu beachten und bereits vor dem Pflanzen richtig abzustimmen, also beispielsweise auf kleinen Flächen nur kleinbleibende Bäume zu pflanzen, die auf schwachwachsenden Unterlagen veredelt sind. Denn es ist kaum möglich, Sorten auf starkwüchsigen Sämlingsunterlagen durch Schnitt kompakt zu halten, zumal eben ein kräftiger Rückschnitt immer wieder einen starken Austrieb zur Folge hat.
Leider wird viel zu selten auf die Veredelungsunterlage geachtet. Dabei ließen sich durch die richtige Auswahl viele vorprogrammierte Schnittfehler vermeiden. In guten

Apfelbäume blühen üppig, doch nur einige Blüten werden befruchtet. Dazu sind gute Pollenspender, also geeignete Nachbarbäume nötig.

Baumschulen sind die Bäume mit Etiketten gekennzeichnet, die nicht nur auf die Sorte, sondern auch auf die Unterlage hinweisen. Achten Sie darauf, oder lassen Sie sich gut beraten! Und wählen Sie dann kleinbleibende Bäume für kleine Standflächen, mittelstark wachsende etwa für einen Obstgarten oder stark wachsende für eine weiträumige Obstwiese. Wenn einmal starkwüchsige Bäume in einen zu kleinen Garten gepflanzt wurden, ist es immer noch besser, sie umzupflanzen und durch geeignete kleinbleibende Bäume zu ersetzen, als sie durch Schnitt klein zu halten – vorausgesetzt, sie stehen noch nicht zu lange.

Apfel *(Malus domestica)*

Beim Apfel wirkt sich die Veredelungsunterlage entscheidend auf den Schnitt aus. Hier gibt es die größte Vielfalt, angefangen bei den

- Sämlingen, die besonders große, kräftige Kronen verursachen, über die
- starkwüchsigen Typenunterlagen wie etwa Typ M 11, M 25 oder A 2 (die Namen beziehen sich auf die Züchtungsanstalten in Malling/England oder Alnarp/Schweden), die über 5 m hohe Bäume hervorbringen können, weiterhin über die
- mittelstark wachsenden Typen, wie etwa M 4 oder M 7, die ca. 3–4,5 m hohe Bäume entwickeln, bis hin zu den
- schwach wachsenden Typen, wie etwa M 9 oder M 27, die nur 1,5–3 m hohe Bäumchen tragen.

Kleinbleibende Bäumchen auf schwachwüchsigen Unterlagen brauchen entsprechend weniger Pflegeschnitt als mittelstark oder stark wachsende Bäume. Weiterhin ist die jeweilige Sorte von Bedeutung. Sorten mit beispielsweise typisch aufrechtem Wuchs werden anders geschnitten als Sorten, die überhängend wachsen. Beim Pflanzschnitt und beim Erziehungsschnitt werden noch alle Typen (also schwach, mittelstark oder stark wachsende) und alle Sorten in etwa gleich behandelt; die Sonderformen wie etwa Spalierbäume natürlich ausgenommen.

Grundsätzlich lassen sich Apfelbäume recht leicht erziehen, weil sie von Natur aus je nach Sorte mehr oder weniger lichte Kronen und einen durchgehenden Mitteltrieb entwickeln. Nur ungepflegte Kronen verwildern und werden dicht und undurchdringlich. Deshalb ist es wichtig, von Anfang an einzugreifen und die Kronen zu formen.

Beim **Pflanzschnitt** achtet man darauf, daß ein gerader Mitteltrieb und drei bis vier gut angeordnete Seitentriebe erhalten bleiben. Denn beim Apfel ist die Pyramidenkrone, also mit durchgehender Stammverlängerung (geradem Mittelleittrieb), die natürlichste und beste Kronenform, die sich auch am einfachsten erziehen und instandhalten läßt. Die Hohlkronenerziehung ist nicht empfehlenswert, aber möglich. Sie wird gelegentlich angewandt, um die Bäume niedrig zu halten. Wenn jedoch schwach wachsende Jungpflanzen gewählt werden, ist dies auch bei pyramidaler Erziehung möglich.

Nachdem beim Pflanzschnitt ein Mitteltrieb und drei bis vier Seiten-

Bienen und andere Insekten befördern den Blütenstaub beim Apfel; in ungünstigen Jahren, wenn kein »Bienenflugwetter« herrscht, ist die Bestäubung oft ungenügend.

triebe freigestellt sowie alle anderen Triebe entfernt wurden, ist beim ersten **Erziehungsschnitt** das Anschneiden dieser künftigen Leitäste wichtig. Dadurch lassen sie sich von Anfang an in bestimmte Richtungen lenken. Die Seitentriebe werden alle etwa in der gleichen Höhe, jeweils über einer nach außen weisenden Knospe, um ein Drittel ihrer Länge eingekürzt. Der Mitteltrieb muß die Seitentriebe überragen. Er wird ebenso über einer Knospe eingekürzt, muß nachher aber noch etwa 20 cm über den Seitentrieben stehen.

Durch das Einkürzen werden die künftigen Leitäste auch zum Dickenwachstum und zur Verzweigung angeregt. Das heißt, sie werden in der Saison nach dem Pflanzschnitt kräftiger und bringen Seitentriebe hervor. Falls nötig, müssen nun noch steile Seitentriebe abgespreizt und ein krummer Mitteltrieb gestäbt werden.

Im Sommer kann korrigierend eingegriffen werden. Allerdings nimmt man beim Sommerschnitt oder »Grünschnitt« keine zu heftigen Eingriffe vor, um keine großen Wunden zu verursachen. Insbesondere werden störende Neutriebe aus alten Schnittstellen sowie dürre und kranke Triebe entfernt, erhaltenswerte krumme Mittelleittriebe gestäbt beziehungsweise steile Seitenleittriebe abgesenkt. Weiterhin ist es möglich, schattierte Früchte freizustellen, damit sie besser ausreifen. Krautige Triebe können dann sogar abgerissen beziehungsweise ausgebrochen werden.

In den Plantagen gehört der Grünschnitt übrigens gleichermaßen wie der Winterschnitt zu den Routinearbeiten. Allerdings stehen hier wirtschaftliche Gründe im Vordergrund. So wird die nötige Schneidarbeit zum Teil in die Sommermonate verlagert, um die Winterschnittarbeiten zu vermindern und gleichmäßiger übers Jahr zu verteilen.

Im nächsten Winter wird die nun gut garnierte, also mit Seitentrieben besetzte Krone wieder ausgelichtet und geordnet. Wählen Sie dazu erst einmal brauchbare neue Triebe aus, die für den weiteren Ausbau der Krone geeignet sind.

Für die Verlängerung des Mitteltriebes wird ein möglichst kräftiger senkrechter Trieb benötigt. Gewöhnlich hat sich dieser aus der obersten Knospe entwickelt. Er bleibt erhalten und wird freigeschnitten, das heißt: Ebenso steile Konkurrenztriebe aus unteren Knospen werden entfernt, es sei denn, man kann sie für die Bildung von weiteren Leitästen brauchen. Dann schneidet man sie etwa um ein Drittel ihrer Länge jeweils über einer Außenknospe zurück.

Die neuen Triebe, die sich aus den alten Seitentrieben entwickelt haben, werden ausgedünnt; hier bleiben ebenso nur die brauchbaren erhalten. Vor allem sind für die weitere Entwicklung der Leitäste gesunde, kräftige Triebe nötig, die sich in der Regel jeweils aus den Endknospen gebildet haben. Diese werden wiederum etwa um ein Drittel ihrer Länge jeweils über einer Außenknospe eingekürzt, damit sie in der nächsten Saison möglichst waagrechte neue Triebe hervorbringen.

Bei Sommerschnitt nur junge Triebe behandeln, besser nicht ins alte Holz schneiden!

Die Triebe aus den nachfolgenden Knospen werden ausgedünnt. Und zwar bleiben Triebe, die nach außen wachsen, erhalten und werden auf Außenaugen abgelenkt. Zu steile und nach innen wachsende Triebe werden weggeschnitten. Weiterhin sind alle Wildtriebe vom Stammgrund zu entfernen.

Nach dem ersten Erziehungsschnitt ist schon die künftige Kronenform zu erkennen. Sie wird in den nächsten Jahren nach den selben Grundsätzen weiter ausgebaut: Vor allem

Früchte entwickeln sich beim Apfelbaum vorzugsweise an zwei- bis dreijährigen Trieben, an solchen »Fruchtkuchen« und am mehrjährigen Fruchtholz.

werden der Mittelleittrieb und die Seitenleitäste verlängert. Die Seitenleittriebe verzweigen sich und garnieren sich mit **Fruchtholz,** so daß allmählich eine gleichmäßige, ertragreiche Krone entsteht.

Die Erziehung bei den verschiedenen Apfel-Typen (Busch, Niederstamm, Halbstamm, Hochstamm) und Sorten gleicht sich. Erst später, wenn nach etwa drei bis sechs Jahren die Kronen ausgebildet sind und die Bäume bereits im Ertrag stehen, werden mit dem Auslichtungs- oder Instandhaltungsschnitt die Unterschiede im Wuchs der einzelnen Bäume stärker beachtet. Je nach Unterlage und Edelsorte bildet sich eine kleine, mittelgroße oder große Krone mit mehr oder weniger breitkugeligem bis aufrecht pyramidalem Charakter. Bei einigen Sorten können sich auch typisch überhängende Triebe entwickeln (z. B. bei 'Jonathan'), was weniger erwünscht ist, weil es die Erziehung offener Kronen erschwert und weil überhängende Seitentriebe relativ kleine Früchte hervorbringen. Hier ist es empfehlenswert, durch stärkeren Rückschnitt der Seitentriebe den Austrieb kräftiger, mehr aufrechter Triebe zu fördern. Umgekehrt sollten typisch straff und kräftig aufrecht wachsende Sorten (wie etwa 'Boskoop') nicht zu übermäßigem Neuaustrieb angeregt werden. Man schneidet sie dazu besonders maßvoll, kürzt die Seitentriebe nur wenig ein und nimmt lediglich das Nötigste aus der Krone.

Bei schwach wachsenden Buschbäumchen ist es nötig, rechtzeitig mit der Verjüngung zu beginnen, wenn sie nicht mehr wüchsig sind und nur noch schwache Jahrestriebe hervorbringen. Apfelbäume auf schwach wachsenden Unterlagen tragen zwar oft schon zwei bis drei Jahre nach der Pflanzung, sie bauen jedoch bald ab und sind manchmal mit 15 Jahren schon vergreist. Wenn die Wüchsigkeit nachläßt, schneidet man sie darum stärker, um den Neuaustrieb und die Verjüngung zu fördern. Bei stark wachsenden Bäumen ist dies nicht erforderlich. Sie müssen vielmehr die Jahre hindurch nur weiter ausgebaut und ausgelichtet werden. Größere Eingriffe werden im Winter erledigt. Korrekturen sind auch beim Sommerschnitt etwa im Juni möglich.

Der einjährige Trieb links hat nur Blattknospen, am zweijährigen rechts sind auch dicke Blütenknospen erkennbar.

Wuchsformen bei Apfelsorten

(nach BdB = Bund deutscher Baumschulen)

'Alkmene': schwach bis mittelstark; schmale Krone.

'Berlepsch': mittel bis stark; aufrechter Wuchs.

'Bohnapfel': mittelstark; aufrechter Wuchs.

'Boskoop': stark bis sehr stark; breit ausladend.

'Brettacher': stark; breite, ausladende Krone.

'Cox Orangen Renette': mittelstark; in der Jugend aufrechte, lange dünne Triebe.

'Elstar': in der Jugend stark und aufrecht, später breit.

'Geheimrat Oldenburg': schwach bis mittelstark; aufrechter Wuchs.

'Gloster': in der Jugend stark und aufrecht, später mittelstark.

'Golden Delicious': schwach bis mittelstark; in der Jugend aufrecht.

'Goldparmäne': mittelstark; steil aufrecht.

'Gravensteiner': sehr stark; zuerst steil, dann breit.

'Ingrid Marie': mittelstark; anfangs aufrecht, später ausladend.

'Jacob Fischer': stark; breit-pyramidal.

'James Grieve': schwach bis mittelstark; aufrecht.

'Jonagold': mittelstark; lockere Krone, ohne ausgeprägte Mittelachse.

'Jonathan': schwach; dünne, lange überhängende Triebe.

'Kaiser Wilhelm': stark; aufrecht, lange Seitenäste.

'Klarapfel': mittelstark; steil, locker, langtriebig.

'Melrose': stark; anfangs steil, später breit.

'Ontario': mittelstark; anfangs aufrecht, später breit.

'Weißer Winterglockenapfel': stark; steil aufrecht.

'Zabergäu': mittelstark bis stark; breit ausladende Krone.

'Zuccalmaglio': schwach bis mittelstark; leicht hängende Triebe.

Birne *(Pyrus communis)*

Auch bei der Birne wirkt sich die Veredelungsunterlage wesentlich auf den Wuchs aus. Birnenbäume werden entweder auf Sämlinge oder auf Quitten veredelt. Auf Sämlingsunterlagen entwickeln sich kräftige Bäume. Auf Quittenunterlagen bleiben die Birnenbäume klein. Es ist also auch hier grundsätzlich wichtig, die Veredelungsunterlage zu berücksichtigen.

In der Regel werden in den Baumschulen Buschbäume und Niederstämme von Birnen mit Quitten erzielt, Halbstämme und Hochstämme dagegen mit Sämlingen. Zudem spielen doppelte Veredelungen, sogenannte Zwischenveredelungen, eine wichtige Rolle. Denn bei Sorten, die zu überhängendem Wuchs neigen, lassen sich kaum gerade, aufrechte Stämme bilden. Deshalb veredelt man bei diesen Sorten auf die Unterlage zunächst einen sogenannten Stammbildner, also eine Sorte, die straff aufrecht wächst und ein gerades Stämmchen entwickelt. Auf diese Zwischenveredelung erst folgt die gewünschte Sorte. Erkundigen Sie sich beim Pflanzenkauf auf jeden Fall nach der Unterlage und wählen Sie schwach wachsende oder stark wachsende Unterlagen – je nachdem, ob Sie kleine oder große Bäume erziehen wollen!

Anders als die meisten Apfelbäume wachsen Birnenbäume in der Regel stärker aufrecht und bilden hohe, schlanke Kronen. Allerdings gibt es auch Sortenunterschiede. So entwickeln beispielsweise 'Gellerts Butterbirne' stark aufrecht wachsende Triebe, während 'Clapps Liebling' stark bogenförmig überhängende Triebe hervorbringt.

Bei Birnenbäumen ist es besonders wichtig, nach der **Pflanzung** ein gleichmäßig geordnetes Astgerüst zu entwickeln. Das heißt, bei steil aufrecht wachsenden Sorten erzieht man durch den Schnitt auf Außenaugen und, falls nötig, durch Abspreizen offene Kronen, die später nur ausgelichtet werden. Vor allem müssen bereits in jungen Jahren die typischen Konkurrenztriebe des Mittelleittriebs, die sich zahlreich entwickeln, regelmäßig ausgeschnitten werden. Bei Sorten mit überhängendem Wuchs ist ebenso die Entwicklung offener Kronen mit senkrechtem Mitteltrieb zu fördern. Hier schneidet man jedoch die überhängenden Seitentriebe stark zurück, um den Austrieb aufrechter Jungtriebe zu fördern und damit die Entwicklung möglichst waagrechter Seitenleittriebe. Die Triebe verholzen mit den Jahren in dieser Stellung, und es entstehen mehr oder weniger waagrechte Seitenleittriebetagen, wobei die einzelnen Äste jeder Etage auch hier wie beim Apfel nicht in derselben Höhe am Stamm sitzen.

Außer bei der Sorte 'Clapps Liebling' ist dies unter anderem bei 'Alexander Lucas' wichtig und nicht zu versäumen. Diese Sorte entwickelt nämlich anfangs dünne, lange, aufrechte Triebe, die später überhängen, wenn sie nicht behandelt werden. Wie beim Apfel schneidet man die Jungpflanzen beim Pflanzen zunächst scharf zurück, indem der Mitteltrieb und die drei bis vier Seitentriebe etwa um ein Drittel ihrer Länge eingekürzt werden. Daraufhin treiben im Jahr nach dem Schnitt kräftige Jungtriebe aus, und zwar jeweils aus drei bis vier Knospen unterhalb der Schnittstellen. Diese werden wiederum ausgedünnt, also entfernt, wenn sie nach innen wachsen, oder sie bleiben erhalten und werden eingekürzt, wenn sie für den weiteren Aufbau der Krone brauchbar sind.

Für die Stammverlängerung bleibt der kräftigste Gipfeltrieb stehen. Die Konkurrenztriebe werden abgespreizt und eventuell für die Bildung einer zweiten Seitenleittriebetage genutzt. Mehr als beim Apfel ist bei den Birnenbäumen wichtig, daß krumme oder sehr elastische Gipfel gestäbt und zu steile Seitentriebe abgespreizt werden, um lichte Kronen zu erhalten. Das kann auch im Sommer geschehen, ebenso wie das Entfernen störender Austriebe aus alten Schnittstellen.

Birnen entwickeln je nach Sorte langes oder kurzes Fruchtholz. Einige Sorten bilden sowohl kurzes als auch langes Fruchtholz. Es ist jedoch deutlich an den dicken Knospen erkennbar und entwickelt sich während der **Erziehung** an den

Die Birne entwickelt ebenso wie der Apfel mehrjähriges Fruchtholz, das am gedrungenen, kräftigen Wuchs und an dicken Knospen erkennbar ist. Dieses Fruchtholz muß erhalten bleiben!

Wuchsformen bei Birnensorten

(nach BdB)

'Alexander Lucas': mittelstark; anfangs aufrecht, später hängende, dünne, lange Zweige.

'Boscs Flaschenbirne': mittelstark; steil aufrechte Leittriebe, waagrechte Seitentriebe.

'Clapps Liebling': kräftiger Wuchs; stark bogenförmige Leittriebe.

'Conference': mittelstark; steil aufrecht.

'Frühe aus Trevoux': mittelstark; aufrecht.

'Gellerts Butterbirne': stark bis sehr stark; steil aufrecht.

'Gräfin von Paris': mittelstark; schräge bis waagrechte Seitentriebe, pyramidale Krone.

'Gute Luise': mittelstark; aufrecht.

'Köstliche aus Charneu': stark, aufrecht; schräge bis waagrechte Seitentriebe, pyramidale Krone.

'Madame Verté': schwach bis mittel; steil.

'Triumph aus Vienne': mittelstark; aufrechte bis hängende, lange Zweige.

'Vereinsdechants': mittelstark; steil aufrechte, lange dünne Triebe.

Unter solcher Last der Früchte biegen sich die Äste. Es gilt daher, ein kräftiges Kronengerüst zu erziehen.

Seitenleittrieben. Je nach Sorte kann es aufrecht oder waagrecht stehen oder auch überhängen. Schneiden Sie überhängende Zweige also nicht grundsätzlich weg, sondern achten Sie darauf, ob daran große, dicke Knospen oder kleine Knospen sitzen. **Fruchtholz** mit dicken Knospen muß erhalten bleiben und darf allenfalls mit der Zeit bei älteren Bäumen verjüngt werden. Dann wird nur altes Fruchtholz im Kroneninneren weggeschnitten, das junge Fruchtholz der äußeren Kronenpartien bleibt erhalten.

Birnenbäume auf Sämlingsunterlagen können – ebenso wie Apfelbäume auf stark wachsenden Unterlagen – weit mehr als zwanzig Jahre lang fruchtbar bleiben. Nachdem die Kronen aufgebaut und gut entwickelt sind, brauchen sie keine besondere Pflege mehr. Nur das regelmäßige **Auslichten** darf nicht versäumt werden. Später, wenn sie im Ertrag nachlassen und nicht mehr wüchsig sind, können sie maßvoll verjüngt werden und vertragen dabei auch einen Rückschnitt ins alte Holz. Das gilt ebenso für schwach wachsende Buschbäume und Niederstämme auf Quittenunterlagen, die jedoch schon früher vergreisen und deshalb auch früher verjüngt werden als starkwüchsige Halb- und Hochstämme.

Wie beim Apfel sind größere Eingriffe im Winter zu erledigen; Korrekturen sind auch beim Sommerschnitt etwa im Juni oder bei der Ernte möglich.

Bei Birnenspalieren ist es wichtig, bereits in den ersten Jahren ein symmetrisches Zweiggerüst zu erziehen und die Triebe von Anfang an an das Gerüst zu heften, solange sie elastisch und formbar sind. Später muß nur ausgelichtet und verjüngt werden. Für Spaliere eignen sich im übrigen nur Veredelungen auf Quittenunterlagen, die nicht zu starkwüchsig sind.

Die Erziehung von Birnenspalieren kann gleichermaßen geschehen wie beim Apfel.

Quitte *(Cydonia oblonga)*

Quitten sind im Wuchs den Apfelbäumen ähnlich. Das gilt sowohl für Apfel-, als auch für Birnenquitten; diese Bezeichnungen beziehen sich auf die Fruchtform. Quitten bleiben aber wesentlich kleiner und erreichen etwa eine Höhe und Breite von 3 m. Die Unterschiede zwischen den Sorten sind gering und für den Schnitt unbedeutend. Sie werden deshalb gleichermaßen behandelt. Der Aufbau einer Krone mit senkrechtem Mittelleittrieb und waagrechten Seitenleitästen ist unüblich, aber möglich. Gewöhnlich erzieht man Quitten formlos und hält sie später nur durch jährliches Aus-

lichten wüchsig und ertragsfähig. Im Handel sind Quitten als Buschbäume oder Niederstämme erhältlich.
Die verschiedenen Sorten werden meist auf Quittenunterlagen veredelt, das sind ausgewählte Quittensämlinge mit ähnlichen Wuchseigenschaften. Manchmal dienen Weißdornsämlinge beziehungsweise Rotdorn-Zwischenveredelungen als Unterlagen, wobei der Rotdorn als Stammbildner auf Weißdorn veredelt wird, und darauf folgt erst die fruchttragende Quittensorte. Diese Veredelungen sind ziemlich frostempfindlich und müssen nach einem strengen Winter stark zurückgeschnitten werden. Auch die robusteren Veredelungen auf Quittenunterlagen vertragen aber einen scharfen Rückschnitt und verjüngen sich gut.
Wegen der Frostempfindlichkeit des Holzes, insbesondere der jungen Triebe, ist es wichtig, erst im Frühjahr zu schneiden und dabei die Frostschäden gleich mit zu behandeln. Ansonsten werden die kleinen Buschbäumchen oder Sträucher nur ausgelichtet. Ähnlich wie bei Apfel-Buschbäumchen nimmt man nur zu eng stehende und nach innen wachsende Triebe aus der Krone. Eine **Fruchtholz**behandlung, das Stäben oder andere besondere Schnittmaßnahmen sind nicht nötig.
Beim **Pflanzen** werden Quitten wie Sträucher geschnitten. Man wählt also einige kräftige Triebe aus, die gleichmäßig verteilt sind, und kürzt sie etwa um ein Drittel ihrer Länge ein. Dabei sollte ein aufrechter, in der Mitte stehender Trieb die anderen Triebe überragen, damit sich ein pyramidales Zweiggerüst entwickelt. Die untergeordneten Triebe werden über außenstehenden Knospen abgeschnitten, damit sich der Strauch öffnet und ein lichtes Zweiggerüst entsteht.
Bei der **Erziehung** während der nächsten Jahre wird dieses Zweiggerüst auf dieselbe Weise ausgebaut. Gleichzeitig beginnt man mit dem Auslichten.
Quittenstämmchen können auch recht streng wie Apfelbäume mit senkrechtem Mittelleittrieb und gleichmäßig angeordneten Seitenleittriebetagen erzogen werden. Dann ist jedoch eine strengere Erziehung nötig, wobei der Mitteltrieb gestäbt und die Seitentriebe abgespreizt werden, damit ein symmetrisches Astgerüst entsteht. Nach der Erziehung ist wie bei formlos erzogenen Sträuchern nur der regelmäßige Auslichtungsschnitt nötig.
Obwohl Quitten vorzugsweise strauchförmig oder als Busch- oder Niederstämmchen gezogen werden, ist es durchaus möglich, auch höhere Stammformen zu bilden. Dazu wählt man eine Jungpflanze mit möglichst deutlich erkennbarem, durchgehendem Mitteltrieb und »putzt« diesen bis zur gewünschten Kronenhöhe »auf«, das heißt, alle Seitentriebe werden entfernt. In dieser Stammhöhe wird dann die Krone gebildet. Zur Stammverstärkung läßt man eventuell einige schwache Seitentriebe am Stämmchen stehen und schneidet sie auf etwa 10 cm Länge zurück. Dadurch wird der Saftstrom in die Krone gebremst und stärker in die Stammtriebe geleitet. Auf diese Weise wird auch das Dickenwachstum des Stämmchens angeregt. Später schneidet man die eingekürzten Seitentriebe glatt am Stamm weg.

Das symmetrische Astgerüst erleichtert später die Pflege, zumal die kleinen Bäume einfach auszulichten sind.

Die Quitte ist im Wuchs Apfelbuschbäumen ähnlich: Sie kann mit pyramidaler Krone und Leittrieben erzogen werden.

Schnitt des Steinobstes

Beim Steinobst gibt es einige markante Unterschiede zwischen den verschiedenen Arten. Grundsätzlich gilt wie beim Kernobst die größte Aufmerksamkeit der Erziehung. Später muß in der Regel nur noch ausgelichtet werden, mit Ausnahme des Pfirsichs, der wegen seiner Frostempfindlichkeit, manchmal stark zurückzuschneiden ist.
Anders als beim Kernobst, das sehr schnittverträglich ist und selbst den Rückschnitt ins alte Holz gut verträgt, reagiert das Steinobst auf den Schnitt häufig mit »Gummifluß« (Austritt von gummiartiger Flüssigkeit). Dafür gibt es aber auch andere Ursachen, zum Beispiel ungünstige Bodenverhältnisse und dergleichen. Deshalb ist es mehr noch als beim Kernobst nötig, schon von Anfang an regelmäßig und richtig zu schneiden, damit gleichmäßig geformte Kronen entstehen, die später nur noch auszulichten sind. Dadurch vermeidet man von vornherein stärkere Eingriffe in alte Kronen, die große Wunden hinterlassen würden. Das Abschneiden eines alten Astes bei Süßkirschenbäumen hat nämlich fast immer Gummifluß zur Folge und sollte grundsätzlich vermieden werden. Sauerkirschen sind hier zwar weniger empfindlich, aber auch sie sollten besser von großen Eingriffen verschont bleiben.
Beim Pflanzen von Steinobst ist deshalb die richtige Auswahl besonders wichtig, weil der Schnitt kein Mittel ist, um Bäume auf Dauer klein zu halten. So sollte man beispielsweise statt eines Süßkirschenbaumes ein anderes Obstgehölz pflanzen, wenn der Standort für die ungehinderte Ausbreitung der gewöhnlich großen Krone zu klein ist. Mittlerweile sind jedoch auch einige kleinbleibende Züchtungen erprobt, die vereinzelt angeboten werden. Wenn richtig gewählt und gepflanzt wurde, brauchen Steinobstgehölze (mit Ausnahme des Pfirsichs und einiger Sauerkirschsorten) weniger Pflege als Kernobstgehölze, besonders die Süßkirschen, die sparrig wachsen, sich im allgemeinen wenig verzweigen und kaum konkurrierende oder andere störende Triebe entwickeln.
Auf den Ertrag hat der Schnitt beim Steinobst (wiederum mit Ausnahme des Pfirsichs) ohnehin keine besondere Auswirkung, denn Süßkirschen-, Sauerkirschen-, Zwetschgen-, Renekloden-, Mirabellen- und Aprikosenbäume fruchten auch ohne Schnitt zufriedenstellend. Selbst völlig vernachlässigte Kronen bringen noch regelmäßig reichlich Obst hervor, wobei in der Größe und Qualität der Früchte kein wesentlicher Unterschied zu gepflegten Kronen besteht.
Selbstverständlich sollte das Steinobst deshalb nicht verwildern. Denn gepflegte, ausgelichtete Kronen sind länger vital und sehen auch besser aus als ungepflegte. Vor allem ist es beim Steinobst wichtig, krankes Geäst zu behandeln beziehungsweise dürres Holz, das häufig durch Pilzinfektionen entsteht, regelmäßig und umgehend zu entfernen, damit es gesund bleibt und keine anderen Gehölze ansteckt. Aus diesem Grund schneidet man vorzugsweise Steinobstbäume auch im Sommer, weil dann das dürre und kranke Holz leicht von gesunden Trieben zu unterscheiden und gut zu entfernen ist. Den Bäumen schadet das nicht, zumal sie keinen oder nur einen geringen Saftverlust hinnehmen müssen, weil ja gewöhnlich kein Schnitt ins gesunde Holz erforderlich ist. Gesunde, stärkere Zweige werden – falls nötig – wie bei allen Gehölzen am besten in der Saftruhe entfernt. Nur bei Bruchschäden, etwa durch Sturm, muß sofort eingegriffen und entsprechend ausgeschnitten werden.

Die meisten Obstarten werden von Bienen bestäubt. Der Ertrag ist daher vom Wetter abhängig.

Süßkirsche *(Prunus avium)*

Süßkirschen fruchten am mehrjährigen Holz. Vorzugsweise die sogenannten Bukettriebe bringen viele Früchte sowie Blätter hervor.

Bei der Süßkirsche wirkt sich die Veredelungsunterlage kaum auf den Schnitt aus, weil sie fast ausschließlich auf starkwachsende Unterlagen veredelt werden, und zwar hauptsächlich auf Vogelkirschen *(Prunus avium)*. Die kleinbleibenden Süßkirschen auf schwachwüchsigen Unterlagen, die gelegentlich erhältlich sind, werden jedoch im Prinzip genauso behandelt wie die starkwüchsigen, weil sie in der Wuchsform ähnlich sind und sich nur in der Wuchsstärke unterscheiden. Süßkirschen schneidet man so wenig wie möglich. Wenn doch geschnitten wird, sind die Schnittwunden sofort zu behandeln, weil sie sehr leicht von Krankheitserregern, vor allem von Pilzsporen befallen werden. Der Pflanzschnitt und der Erziehungsschnitt sind allerdings durchaus wichtig, damit lichte Kronen und gleichmäßig angeordnete Äste entstehen. Süßkirschen werden hauptsächlich als Halb- oder Hochstämme angeboten, obwohl auch Buschbäume und Niederstämme erhältlich sind.

Beim **Pflanzschnitt** stellt man wie beim Kernobst einen geraden Mitteltrieb und drei bis vier kräftige, gleichmäßig angeordnete Seitentriebe heraus und entfernt alle anderen Triebe. Aus diesem Gerüst wird die Krone aufgebaut. Das ist bei Süßkirschen einfach, weil sie aus Terminalknospen (Endknospen an jedem Seitentrieb und am Mitteltrieb) kräftige Langtriebe hervorbringen und so einen senkrechten Mittelleittrieb und gerade Seitenleittriebe entwickeln. Damit die Bäume aber nicht zu langtriebig wachsen und ein kräftiges Astgerüst entsteht, ist es beim Pflanzschnitt nötig, den Mitteltrieb und die Seitentriebe einzukürzen. Dadurch entwickeln sich kräftigere Leitäste, und auch die Verzweigung wird angeregt. Wie bei allen Obstgehölzen schneidet man dabei auf Außenaugen, damit sich offene Kronen bilden. Der Gipfeltrieb wird so über einer Knospe eingekürzt, daß daraus wieder eine gerade Stammverlängerung hervorgeht. Wenn er beispielsweise etwas schräg nach rechts absteht, schneidet man ihn über einer linken Knospe ab; der Trieb daraus entwickelt sich gewöhnlich leicht schräg nach oben und gleicht die Abweichung wieder aus.

Im Unterschied zum Apfel oder zur Birne verzweigen sich Süßkirschen schlecht und sollten durch das Einkürzen stärker zur Verzweigung angeregt werden. Je nach Pflanzzeit – entweder im Herbst oder im Frühjahr – treiben in der kommenden Saison aus jeder Endknospe wieder kräftige Langtriebe und aus den nachfolgenden Knospen weniger kräftige Seitentriebe. Eventuell muß ein starker Konkurrenztrieb zum Gipfeltrieb entfernt werden. Die Triebe, die sich aus den bestehenden Seitenleitästen gebildet haben, bleiben erhalten, wenn sie nach außen wachsen, oder werden entfernt, wenn sie in die Krone wach-

Die Erziehung mit geradem Mittelleittrieb und gleichmäßig angeordneten Seitenleittrieben kommt der Süßkirsche sehr entgegen.

Die deutlich erkennbaren Blütenknospen sitzen dicht gedrängt am mehrjährigen Holz (Bukettriebe). Der junge Trieb besitzt nur Blattknospen.

sen. Falls nötig kann man auch sie durch den Schnitt auf Augen in beliebige Richtungen lenken. Grundsätzlich schneidet man aber beim **Erziehungsschnitt** nur junge Triebe, die sich in der letzten Saison gebildet haben. Ins alte Holz wird möglichst nicht geschnitten. Gewöhnlich ist bei Süßkirschen auch das Absenken oder Abspreizen unnötig, weil sie mehr oder weniger stumpfwinklige Seitentriebe hervorbringen und von Natur aus recht ausladende, flache Äste bilden, also anders als zum Beispiel Birnenbäume, die typisch steil aufrecht wachsen. Nur selten ist es nötig, einzelne abweisende oder steile Triebe, die für den Aufbau brauchbar sind, zu korrigieren.
In den nächsten Jahren der Erziehung werden die Seitenleitäste weiterhin nach außen gelenkt, der Mittelleitast wird nach oben verlängert. Das **Fruchtholz** braucht keine besondere Behandlung. Die Entwicklung von Fruchtholz und Fruchtknospen wird im übrigen auch durch das Einkürzen der Seitentriebe gefördert.

Wuchsformen bei Süßkirschensorten

(nach BdB)

'Adlerkirsche von Bärtschi': mittelstark; kräftige flache Seitentriebe, offene lockere Krone.

'Annabella': sehr starkwüchsig; waagrechte bis überhängende Seitentriebe, breite und hohe Krone.

'Büttners Rote Knorpelkirsche': starker Wuchs; hochkugelige Krone.

'Burlat': starkwüchsig; schräg aufrechte Seitentriebe.

'Dönissens Gelbe Knorpelkirsche': mittelstark bis stark; später nachlassend.

'Frühe Rote Meckenheimer': mittelstark bis stark; aufrechte Krone.

'Große Prinzeßkirsche': mittelstark bis stark; breite Krone.

'Große Schwarze Knorpelkirsche': stark; anfangs aufrechte, später waagrechte Seitentriebe.

'Haumüllers Mitteldicke': mittelstark; aufrecht.

'Hedelfinger': stark; anfangs aufrecht, später leicht überhängende Seitentriebe.

'Kassins Frühe Herzkirsche': stark; breitkugelige, lichte Krone.

'Schneiders Späte Knorpelkirsche': sehr starkwüchsig; anfangs hochovale, später breite Krone.

'Van': mittelstark; aufrecht.

Sauerkirschen wachsen in der Jugend ziemlich straff aufrecht. Die Früchte sitzen am vor- und mehrjährigen Holz. An den jungen Blatttrieben werden während des Sommers Blütenknospen für das nächste Jahr gebildet.

Sauerkirsche *(Prunus mahaleb)*

Die Sauerkirsche unterscheidet sich im Wuchs wesentlich von der Süßkirsche. Zudem gibt es innerhalb des Sauerkirschensortiments Unterschiede. Diese sind beim Schnitt zu beachten.
Sauerkirschbäume sind von ihren Anlagen her kleiner als Süßkirschen. Sie haben nämlich ihren Ursprung in der kleinkronigen Weichselkirsche *(Prunus mahaleb)*, während die Süßkirschen von der großkronigen Vogelkirsche *(Prunus avium)* abstammen. Obwohl Sauerkirschen häufig auf Vogelkirschunterlagen veredelt werden (gewöhnlich auf die Züchtung F 12/1), bleiben die Kronen klein. Die Steinweichsel, die manchmal auch als Unterlage dient, bringt von Natur aus nur kleinkronige Bäume hervor. Der Schnitt der Sauerkirsche ist deshalb nicht einfacher als der der großen Süßkirschenbäume, weil sie sehr dicht wachsen und oft überhängende Triebe hervorbringen, die mit der Zeit häufig verkahlen. Im übrigen gibt es gravierende Sortenunterschiede, die zu beachten sind. Während beispielsweise die 'Schattenmorelle' zu stark überhängendem Wuchs neigt und durch den regelmäßigen Rückschnitt zu seitlicher Verzweigung und waagrechter Triebbildung angeregt werden muß, treibt 'Heimanns Rubinweichsel' straff aufrecht und darf nur wenig geschnitten werden, damit die Bildung neuer, steiler Triebe nicht angeregt wird.
Der Pflanzschnitt und der Erziehungsschnitt in den ersten Jahren unterscheiden sich aber nicht, zumal die zu überhängendem Wuchs neigenden Sorten in der Jugend ebenso kräftig aufrecht wachsen. Grundsätzlich ist es deshalb wichtig, von Anfang an ein kräftiges Astgerüst zu bilden, das später leicht zu erhalten und zu pflegen ist.
Auch bei der Sauerkirsche ist die Erziehung zur pyramidalen Krone mit Mittelleittrieb empfehlenswert, obwohl auch die Hohl- oder Trichterkrone mit drei schräg aufrechten Leitästen möglich ist. Die kleinen Bäumchen eignen sich kaum für den Aufbau mehrerer Seitentriebetagen, sondern bilden von selbst meistens nur eine Etage am Kronenansatz, also unmittelbar über dem Stamm. Nach oben hin garniert sich der Mittelleittrieb mit weniger kräftigen Seitentrieben, die Fruchtknospen entwickeln. Ebenso verzweigen sich die Seitenleittriebe und bringen Fruchtholz hervor. Die jungen Seitentriebe wachsen in der Regel steil aufrecht und sollten von Anfang an

Wuchsformen bei Sauerkirschensorten

(nach BdB)

'Heimanns Rubinweichsel': starkwüchsig; pyramidal.

'Kelleris 14': schwach bis mittelstark; anfangs straff aufrecht, später breit mit vielen überhängenden Langtrieben.

'Koröser Weichsel': starkwüchsig; hochpyramidal.

'Ludwigs Frühe': sehr starkwüchsig; anfangs aufrecht, später viele überhängende Triebe.

'Morellenfeuer': starkwüchsig; aufrecht, breitpyramidale Krone.

'Schattenmorelle': mittelstark; anfangs aufrecht, später viele »Peitschentriebe« (lange überhängende Triebe).

nach außen gelenkt werden, damit sich die Krone öffnet.
Bei einer Erziehung zur pyramidalen Krone wird der Mittelleittrieb senkrecht nach oben gelenkt. Dazu schneidet man ihn beim **Pflanzschnitt** stark zurück, damit er einen kräftigen Jungtrieb nach oben schiebt. Drei bis vier ausgewählte Seitentriebe werden ebenso stark jeweils über einem Außenauge zurückgeschnitten, damit sie daraus kräftige Seitentriebe hervorbringen und sich verzweigen. Bei einer Erziehung zur Hohl- oder Trichterkrone wird einfach der Mitteltrieb entfernt, so daß nur gleichmäßig angeordnete, schräg aufrecht stehende Seitentriebe erhalten bleiben.

Im Jahr nach dem Pflanzschnitt bringen die eingekürzten Triebe viele kräftige Seitentriebe hervor. Sie werden im nächsten Frühjahr ausgelichtet; nur einige kräftige Triebe bleiben beim ersten **Erziehungsschnitt** erhalten. Der Mittelleittrieb wird nach oben verlängert. Alle Jungtriebe kürzt man anschließend wiederum ein, damit sie sich im nächsten Jahr kräftigen und erneut verzweigen. Auf diese Weise wird eine gleichmäßige, lichte Krone aus kräftigen Ästen aufgebaut.
In den ersten Erziehungsjahren entwickeln sich infolge des starken Schnitts nur kräftige Blatttriebe, die für den Aufbau der Krone wichtig sind. Sobald eine gleichmäßige Krone aufgebaut ist, wird nur noch ausgelichtet, damit sich Fruchttriebe entwickeln. Mitunter bilden sich bei einigen Sorten bereits nach zwei bis drei Jahren am mehrjährigen Holz **Fruchtknospen** und Bukettriebe (kurze Triebe mit deutlich sichtbaren dicken Knospen), die erhalten bleiben. Auch nach der Erziehung, sobald der Ertrag beginnt, werden die Sauerkirschen nur noch ausgelichtet. Dabei entfernt man auch schwache und zu eng stehende Fruchttriebe. Bei Sorten, die sehr lange, überhängende Fruchttriebe, sogenannte Peitschentriebe entwickeln, kürzt man diese ein, und zwar jeweils an einem kurzen Seitentrieb.
Der Pflanz- und Erziehungsschnitt wird am besten im Spätwinter erledigt, bei einer Herbstpflanzung natürlich auch im Herbst. Das jährliche Auslichten ist im Spätwinter oder auch im Sommer nach der Ernte möglich.

Pflaume, Zwetschge, Mirabelle, Reneklode *(Prunus domestica)*

Diese vier Steinobstarten kann man gleichermaßen behandeln. Sie werden auf die gleichen Unterlagen veredelt, wobei sich alle Unterlagentypen (z. B. Prunus 'St. Julien', *P. ceresifera* 'Myrabolana' usw.) hinsichtlich der Wuchskraft ähnlich sind und kaum Unterschiede bewirken. Alle vier Steinobstarten entwickeln jedoch nur relativ kleine Bäume, die recht einfach zu pflegen sind. Hauptsächlich gilt es, wohlgeformte Jungpflanzen zu erziehen, diese regelmäßig auszulichten und – was bei älteren Bäumen wichtig ist – dürres Holz aus den Kronen zu entfernen.
Pflaumen, Zwetschgen, Mirabellen und Renekloden wachsen gleichermaßen straff aufrecht und bilden

Auch den Pflaumenbäumen kommt die Erziehung mit pyramidaler Krone entgegen. Später lassen sie sich dann leicht auslichten.

gleichmäßig hochovale Kronen oder Rundkronen. Es ist deshalb von Anfang an wichtig, die Kronen durch einen gezielten Schnitt zu öffnen und den kräftigen, steilen Wuchs zu bremsen.
Beim **Pflanzschnitt** lenkt man die ausgewählten Seitentriebe auf Außenaugen ab. Der Mitteltrieb bleibt erhalten und wird nach oben verlängert. Bei der **Erziehung** werden die Seitenleittriebe weiterhin durch den Schnitt auf Außenaugen möglichst waagrecht nach außen gelenkt, der Mittelleittrieb wird gerade nach oben geführt. Konkurrenztriebe zum Mittelleittrieb sowie zu eng stehende und nach innen wachsende Seitentriebe werden entfernt. Der Mittelleittrieb verzweigt sich recht gut und bringt ziemlich steile Seitentriebe hervor, die für den Aufbau brauchbar sind und auf Außenaugen abgelenkt oder abgespreizt werden müssen. Die Seitentriebe entwickeln sich – anders als zum Beispiel bei der Süßkirsche, die wenige ganz gerade Leittriebe hervorbringt – sehr zahlreich und unregelmäßig, so daß stärker eingegriffen und korrigiert werden muß, damit ein symmetrisches Astgerüst zustandekommt.
Eine allzu strenge Kronenerziehung ist jedoch wegen der Starkwüchsigkeit und vor allem wegen dem Drang zu üppiger Verzweigung und zur Bildung vieler steiler Triebe bei diesen Steinobstarten nicht üblich. Es genügt, ein kräftiges Grundgerüst aufzubauen und dieses regelmäßig auszulichten. Das Auslichten ist unter anderem wichtig, um die Ausbreitung von Krankheiten und Schädlingen zu verhindern, denn in ungepflegten, dichten Kronen ist die Ausbreitungsgefahr besonders groß. Anders als beispielsweise Süßkirschen sind diese Steinobstarten relativ schnittverträglich und können auch verjüngt werden, wenn sie stark verwildert sind, zum Beispiel in vernachlässigten Obstbeständen. Man kann sie sogar ins alte Holz zurückschneiden, falls dies zur Verjüngung nötig ist. Sie treiben dann wieder viele kräftige Jungtriebe, aus denen eine neue Krone aufgebaut werden kann.
Pflaumen, Zwetschgen, Mirabellen und Renekloden haben gleichermaßen einen Drang zur Ausläuferbildung, das heißt, sie bringen aus dem Wurzelstock viele Wildtriebe hervor. Diese müssen entfernt werden, falls man sie nicht für die Vermehrung von Jungpflanzen, zum Beispiel als Veredelungsunterlagen, nutzen will.
Die **Fruchtknospen** sitzen hauptsächlich am kurzen, vorjährigen Geäst. Das Fruchtholz bleibt in der Regel erhalten und wird nur ausgelichtet, wenn sich zu viele engstehende Fruchttriebe bilden. Falls nötig, nimmt man außerdem vergreistes und schwaches Fruchtholz aus der Krone.
Der Pflanzschnitt wird je nach Pflanzzeit im Herbst oder im Frühjahr durchgeführt. Der Erziehungsschnitt geschieht am besten in den Wintermonaten. Zum Auslichten ist die Zeit nach der Ernte günstiger, weil sich dann auch die dürren Triebe, die bei diesen Obstbäumen häufig sind, gut erkennen lassen.

Pflaumen, Zwetschgen, Renekloden und Mirabellen bringen zahlreiche kurze Jahrestriebe hervor, die reichlich mit Blütenknospen besetzt sind. Hier ein typischer vorjähriger Trieb, der Früchte und Triebe hervorbringt. Bei den Jungtrieben (rechts oben) werden während des Sommers schon wieder Blütenknospen für das nächste Jahr angelegt.

Pfirsich *(Prunus persica)*

Der Pfirsich nimmt im Sortiment der Steinobstgehölze eine Sonderstellung ein, da er frostempfindlich ist und nach einem strengen Winter scharf zurückgeschnitten werden muß. Außerdem entwickelt er sehr schwaches Holz, das oft unter der Last der Früchte bricht. Er muß deshalb mehr als andere Steinobstarten zu kräftigem Wuchs und zur Entwicklung eines stabilen Astgerüsts angeregt werden.
Auch Pfirsichbäume werden auf verschiedenen Veredelungsunterlagen angeboten. Man kann zwischen Bäumen auf starkwüchsigen Sämlingsunterlagen oder mittelstark wachsenden Pflaumenunterlagen wählen. Beide Unterlagen bringen jedoch gleichermaßen kleine Bäumchen hervor. Bezüglich der Wuchsform und des Schnitts gibt es daher keine Unterschiede. Der Pfirsich bringt häufig sogenannte vorzeitige Triebe hervor. Das heißt, er treibt nochmal im Sommer, nachdem der eigentliche Jahrestrieb abgeschlossen ist, Seitentriebe aus den jungen Trieben. Diese sind in der Regel weich und empfindlich und frieren meistens im Winter zurück.
Beim Pfirsich ist außerdem der Fruchtholzschnitt wichtig, denn er bildet sogenannte »wahre« und »falsche« Fruchttriebe. Wahre Fruchttriebe haben Blüten- und Blattknospen – aus ihnen entwickeln sich Früchte und Blätter. Diese Triebe sind wichtig und müssen erhalten bleiben. Um den Austrieb neuer solcher Triebe zu fördern, ist es nötig, die Pfirsichbäume regelmäßig zu schneiden. Falsche Fruchttriebe haben nur Blütenknospen. Sie sind zu entfernen, weil die Früchte, die sich daran entwickeln, nicht ausreichend versorgt werden.
Pfirsichbäume können mit pyramidaler Krone und durchgehendem Mitteltrieb, mit Hohlkrone ohne Mitteltrieb oder auch als Spalierbäume erzogen werden. Bereits beim **Pflanzschnitt** ist es wichtig, einen kräftigen Austrieb zu fördern. Man schneidet die Jungpflanze deshalb scharf zurück und läßt nur ein eintriebiges Stämmchen stehen. Dazu werden alle Seitentriebe entfernt. Dann wird das Stämmchen noch zurückgeschnitten. Im kommenden Jahr entwickeln sich aus den obersten Knospen unterhalb der Schnittstelle kräftige Triebe, die je nach Erziehungsform behandelt werden.

Die Erziehung einer symmetrischen Krone ist beim Pfirsich nicht immer möglich, weil die Bäume manchmal stark zurückfrieren.

Wuchsformen bei Pflaumen- und Zwetschgensorten
(nach BdB)

'Anna Späth': stark aufrecht; breit ausladende Krone.

'Bühler Frühzwetschge': kräftig; steil, hochovale Krone.

'Graf Althans': mittelstark; anfangs aufrecht, später flachkronig.

'Hauszwetschge': stark; aufrecht.

'Königin Viktoria': anfangs stark, später mäßig; kleine Krone mit hängenden Zweigen.

'Ontariopflaume': anfangs stark, später mäßig.

'President': stark; anfangs aufrecht, später breitkronig.

'Ruth Gerstetter': schwach bis mittelstark; steil aufrecht.

'The Czar': mittelstark; schlank aufrecht; hochovale, kleine Krone.

'Wangenheims Frühzwetschge': stark; breit ausladend.

'Zimmers Frühzwetschge': stark; aufrecht.

Reneklodensorten

'Große Grüne Reneklode': mittelstark bis stark; große, breitausladende Krone.

'Quillins-Reneklode': stark; große Krone.

Mirabellensorten

'Nancymirabelle': stark; anfangs aufrecht, später breitkronig.

Bei der **Erziehung** mit Mittelleittrieb wird der oberste beziehungsweise der kräftigste Trieb im nächsten Frühjahr stark eingekürzt, damit er aus der obersten Knospe wieder einen kräftigen aufrechten Trieb hervorbringt. Auf diese Weise wird in den nächsten Jahren eine kräftige Stammverlängerung gebildet.
Ebenso werden die Seitentriebe kräftig eingekürzt, und zwar jeweils über Außenaugen, damit sich daraus kräftige, nach außen wachsende Seitenleittriebe entwickeln. In den nächsten Jahren wird durch den jährlichen Rückschnitt der neuen Endtriebe die Entwicklung kräftiger Seitenleitäste gefördert und die Verzweigung angeregt. Die Seitenleittriebe stehen beim Pfirsich in der Regel schräg aufrecht am Stamm und werden nicht abgespreizt, weil sie sonst unter der Last der Früchte leichter brechen.
Bei der Erziehung zur Hohl- oder Trichterkrone wird der Mitteltrieb entfernt. Stattdessen wählt man drei kräftige, schräg nach außen wachsende und gleichmäßig rund um den Stamm angeordnete Seitentriebe aus und bildet daraus eine Krone.
Bei der Spaliererziehung bildet man einen senkrechten Mitteltrieb und zieht auf beiden Seiten des Spaliers Seitentriebe, die im Abstand von etwa 20 cm waagrecht geheftet werden. Genausogut kann auch ein Fächerspalier aufgebaut werden. Dazu entfernt man den Mitteltrieb und heftet zwei kräftige Seitentriebe links und rechts schräg aufrecht ans Spalier. Diese werden eingekürzt und zur Verzweigung angeregt. In den nächsten Jahren heftet man immer wieder einige brauchbare junge Triebe schräg an das Spalier,

Die Blüten, woraus sich während des Sommers Früchte entwickeln, sitzen auch beim Pfirsich am vorjährigen Holz.

Wuchsformen bei Pfirsichsorten
(nach BdB)

'Fairhaven': kräftig; starkes Astgerüst.

'Früher Roter Ingelheimer': mittelstark.

'Redhaven': kräftig; breit ausladend.

'Rekord aus Alfter': starkwüchsig.

'Roter Ellerstädter': sehr stark; breit ausladend.

'South Haven': starkwüchsig.

so daß nach und nach ein gleichmäßig garnierter Fächer entsteht. Das **Fruchtholz** ist wie bei den Kronenbäumchen zu behandeln. Bereits während der Erziehung entwickeln sich aus den Leitästen wahre und falsche Fruchttriebe. Die wahren Fruchttriebe bleiben erhalten, die falschen schneidet man weg. Mit zunehmender Entwicklung breitet sich die Krone weiter aus, verzweigt sich und bringt zunehmend Fruchttriebe hervor. Dann ist es nur noch nötig, die Leittriebe einzukürzen und die Krone regelmäßig auszulichten. Bei Frostschäden müssen die erfrorenen Triebe bis ins gesunde Holz zurückgeschnitten werden. Pfirsichbäume vertragen den Rückschnitt ins alte Holz recht gut und verjüngen sich wieder.
Der Schnitt wird am besten vor oder nach der Blüte erledigt, wenn keine strengen Fröste mehr zu erwarten sind. Bei einem starken Rückschnitt ist eine Nachbehandlung im Sommer nötig, um die vielen Neutriebe auszulichten. Dabei können auch schattierte Früchte freigeschnitten werden, damit sie mehr Licht bekommen und besser reifen. Der Sommerschnitt ist zudem empfehlenswert, um die dürren Triebe, die sich häufig bilden, besser erkennen und beseitigen zu können. Dabei sollten auch erkrankte Stellen am Holz behandelt werden, die häufig durch Gummifluß gekennzeichnet sind. Am besten schneidet man diese Stellen bis ins gesunde Holz aus und verschließt die Wunden unverzüglich mit Wundsalbe. Im Zuge des Sommerschnitts ist es wichtig, reichtragende Äste zu stützen, weil sie sonst leicht unter der Last der Früchte brechen.

Aprikose *(Prunus armeniaca)*

Aprikosenbäume wachsen recht stark und sparrig und müssen von Anfang an richtig erzogen werden, damit sie schöne Kronen entwikkeln, denn einen Rückschnitt ins alte Holz vertragen sie schlecht. Sie werden gewöhnlich auf Pflaumenunterlagen veredelt, wobei entweder die wurzelechte Hauszwetschge (z. B. durch Wurzelausläufer gewonnene Jungpflanzen) oder die 'Brompton'-Pflaume verwendet wird.
Die schwächere Hauszwetschgenunterlage bietet sich besser für Busch- und Spalierbäumchen an, während die stärker wachsende 'Brompton'-Pflaume besser für höhere Baumformen wie etwa Nieder- oder Halbstämme geeignet ist. Auf die Wuchsform hat die Unterlage keine Auswirkung – auf beiden Unterlagen entwickeln sich gleichermaßen vielverzweigte, aufrechte Kronen. Allerdings ist es wichtig, sich für entweder stark wachsende oder schwach wachsende Jungpflanzen zu entscheiden.

Die pilzanfälligen Aprikosentriebe sollte man möglichst wenig schneiden, hauptsächlich auslichten und die Wunden behandeln.

Für kleine Gärten oder Spalierbäume eignen sich grundsätzlich nur schwach wachsende Aprikosensorten auf wurzelechten Zwetschgenunterlagen.
Das Holz ist weniger frostempfindlich als beim Pfirsich. Allerdings ist es sehr anfällig für Pilzkrankheiten, die oft ganze Äste ruinieren. Die Pilzsporen dringen unter anderem durch Schnittwunden ein und greifen so ins gesunde Holz über. Aprikosenbäume sollten aus diesem Grund möglichst wenig geschnitten werden. Die Schnittwunden sind unverzüglich zu behandeln.
Dennoch darf die Erziehung nicht vernachlässigt werden, damit sich ein gleichmäßiges Astgerüst mit kräftigen Hauptleitästen entwickelt. Ähnlich wie beim Pfirsich kann man Aprikosenbäume mit Hohlkrone oder Pyramidenkrone erziehen. Dementsprechend wird der **Pflanzschnitt** durchgeführt.
Bei der Hohlkronen-Erziehung schneidet man den Mitteltrieb weg und wählt drei bis vier gleichmäßig angeordnete Seitentriebe, die schräg aufrecht wachsen, als Hauptleitäste für die Kronenerziehung aus. Sie werden eingekürzt, damit sie sich kräftigen und verzweigen, und von Jahr zu Jahr erweitert. Bei der Pyramidenkronen-**Erziehung** bleibt der Mitteltrieb erhalten. Er wird etwa um ein Drittel eingekürzt und zu neuem Austrieb und zur Verzweigung angeregt. Wie bei der Hohlkronenerziehung läßt man drei bis vier Seitentriebe stehen. Die Jungpflanze wird auf diese Weise jährlich weiter ausgebaut, wobei zu steil stehende Seitentriebe abgespreizt werden können.
Später brauchen Aprikosenbäume nur noch ausgelichtet werden. Vor allem ist es wichtig, dürres Holz zu entfernen um die Ausbreitung von Pilzkrankheiten zu verhindern. Ein Fruchtholzschnitt wie beim Pfirsich ist nicht nötig, weil Aprikosen reichlich neues Fruchtholz entwickeln.
Bei Veredelungen auf wurzelechte Hauszwetschgen entwickeln sich außerdem oft Wurzelausläufer, die rund ums Jahr zu entfernen sind.
Auch bei der Erziehung von Spalierbäumen sollte bereits in den ersten Jahren nach der Pflanzung ein gleichförmiges Astgerüst gebildet werden, wobei zunächst ein Mitteltrieb aufrecht gelenkt und dann mehrere Seitentriebe auf bei-

Die Blüten- bzw. Fruchtknospen der Aprikose sitzen am vorjährigen Holz, wurden also schon im vergangenen Sommer angelegt. Aprikosen sind selbstfruchtbar. Es genügt also ein Baum – Befruchtersorten sind unnötig.

Wuchsformen bei Aprikosensorten
(nach BdB)

'Nancyaprikose': stark; aufrecht.

'Ungarische Beste': mittelstark; kleine Krone.

'Wahre Große Frühaprikose': stark; große breite Krone.

den Seiten waagrecht ans Spalier geheftet werden. Das Spalier muß jährlich weiter ausgebaut werden, solange die Triebe elastisch sind, denn verholzte Triebe lassen sich nicht mehr formen.
Die beste Zeit zum Schneiden ist wie beim Pfirsich im Frühjahr, vor oder nach der Blüte, wenn keine strengen Fröste mehr zu erwarten sind. Im Sommer kann außerdem ausgelichtet werden, weil dann das dürre Holz gut zu erkennen ist, und weil die störenden, also nach innen wachsenden und steilen Triebe dann noch krautig sind und ohne große Verletzungen entfernt werden können.
Wie beim Pfirsich ist es wichtig, krankes Holz sofort zu behandeln. Dazu schneidet man die erkrankten Stellen beziehungsweise die erkrankten Zweige bis ins gesunde Holz zurück und verschließt die Wunden mit Wundsalbe. Die Scharkakrankheit, eine Virusinfektion, kann das Absterben ganzer Äste zur Folge haben. Kranke Äste müssen sofort – notfalls vollständig – entfernt werden. Die entstandenen Lücken lassen sich durch junge Triebe, die gezielt abgespreizt oder durch den Schnitt auf Außenaugen abgelenkt werden, mit der Zeit wieder schließen.
Mehr noch als die anderen Obstarten müssen Aprikosenstämme vor Rindenrissen geschützt werden. Vor allem im Spätwinter, wenn die Sonne an klaren Tagen den Saftstrom in Bewegung setzt, die Rinde sich dehnt und dann bei Nacht wieder zusammenzieht, ist die Gefahr besonders groß. Zum Schutz vor dieser Wechselwirkung sollten die Stämme weiß angestrichen werden.

Kirschen, Pflaumen, Johannisbeeren und Himbeeren sind recht zuverlässige »Korbfüller«. Sie fruchten unter normalen Bedingungen regelmäßig und brauchen keinen besonderen Pflegeschnitt. Es genügt, sie gelegentlich auszulichten.

Schnitt der Beerensträucher

Stachelbeer-, Johannisbeer- und andere Beerensträucher werden nur ausgelichtet. Sie entwickeln in der Regel keine Kronen, sondern treiben aus dem Wurzelstock aufrechte Triebe hervor, die mehr oder weniger parallel stehen. Diese Triebe sind bei den echten Sträuchern, also bei Stachelbeeren, Johannisbeeren und Heidelbeeren, mehrjährig, das heißt sie verholzen mit der Zeit und können viele Jahre alt werden. Bei den Halbsträuchern, also bei Himbeeren und Brombeeren, sind die Triebe kurzlebig, das heißt sie sterben bei Himbeeren bereits nach einem Jahr und bei Brombeeren nach wenigen Jahren ab. Dementsprechend müssen die echten Sträucher und die Halbsträucher auch unterschiedlich behandelt werden.
Bei Stachelbeeren, Johannisbeeren und Heidelbeeren sorgt man zunächst für eine gute Verzweigung und für kräftige Triebe. Die Jungpflanzen aus der Baumschule, die gewöhnlich mit losen Wurzeln, also ohne Erdballen angeboten werden, brauchen dazu zunächst einen scharfen Rückschnitt, damit sie gut anwurzeln und stark austreiben.
Nach den Bestimmungen des BdB (Bund deutscher Baumschulen) müssen die Jungpflanzen mindestens drei bis vier kräftige Triebe und gut verzweigte Wurzeln haben. Es sind aber auch fünf- bis siebentriebige, ja sogar acht- bis zwölftriebige Pflanzen erhältlich. Beim Pflanzschnitt bleiben die kräftigen Triebe erhalten und werden etwa um ein Drittel ihrer Länge eingekürzt. Die schwachen Triebe entfernt man.
Ebenso werden die Wurzeln behandelt: Man kürzt zu lange und umgebogene Wurzeln ein, die dürren schneidet man weg.
Nach der Pflanzung treiben aus den Knospen unterhalb der Schnittstellen kräftige Ruten, so daß sich die Jungpflanzen gut verzweigen.
Im nächsten Jahr werden sie dann nur ausgelichtet; die kräftigen alten Triebe und einige kräftige junge Bodentriebe, die sich nach dem Pflanzen entwickelt haben, bleiben stehen, die schwachen Triebe werden entfernt.
Die Früchte entwickeln sich an jungen Trieben. Hier gibt es Unterschiede zwischen Schwarzen und Roten Johannisbeeren sowie Sortenunterschiede bei den Roten Johannisbeeren.
Die Sortenunterschiede sind bei Beerenobst-Sträuchern weniger auffallend und wirken sich kaum auf den Schnitt aus. Allerdings werden die starkwüchsigen Schwarzen Johannisbeeren und die Jostabeeren maßvoller geschnitten als die schwachwüchsigeren Roten Johannisbeeren und die Stachelbeeren, weil sie von Natur aus kräftige Triebe entwickeln und nicht zur Verzweigung angeregt werden müssen. Bei den Roten Johannisbeeren und den Stachelbeeren ist eventuell gelegentlich ein starker Rückschnitt nötig, um sie zu stärkerem Wuchs und zur Verzweigung anzuregen.
Beachtenswert sind die mehltauanfälligen Sorten. Hier ist das Auslichten besonders wichtig, um der Ausbreitung von Mehltau vorzubeugen.
Bei den Halbsträuchern ist es vor allem wichtig, die alten Triebe zu entfernen und auszulichten, bei Himbeeren regelmäßig jedes Jahr und bei Brombeeren gelegentlich.

Johannisbeeren *(Ribes)*

Johannisbeersträucher kommen früh in den Ertrag und können viele Jahre ertragsfähig bleiben. Dazu ist der Schnitt wichtig, weil sie sonst bald vergreisen, also vorwiegend altes Holz tragen. Zunächst hilft der Pflanzschnitt, um kräftige Sträucher zu erziehen, und später ist der jährliche Auslichtungsschnitt notwendig, damit die Sträucher gesund und wüchsig bleiben.
Bei allen Sorten sitzen die Früchte an vorjährigen Trieben: Beim Winterschnitt etwa, zwischen Januar und März, sind deshalb die Triebe, die im letzten Jahr gewachsen sind, besonders zu beachten, denn sie blühen im kommenden Frühjahr und fruchten dann im Sommer. Das können sowohl kurze schwache »Spieße« sein, die an mehrjährigen Zweigen sitzen, oder auch kräftige Jungtriebe aus dem Wurzelstock oder aus alten Zweigen. Sie sind am hellen Holz und an kräftigen Knospen erkennbar.
Gewöhnlich genügt es, entweder nach der Ernte oder im Frühjahr

Rote Johannisbeeren bilden ähnlich wie Süßkirschen kurze Fruchtspieße am mehrjährigen Holz.

Bei den Schwarzen Johannisbeeren sitzen die Fruchtknospen an vorjährigen Langtrieben (rechts).

Bei Johannisbeeren und Stachelbeeren genügt es gleichermaßen, die Sträucher bzw. Stämmchen im Spätwinter oder nach der Ernte ein wenig auszulichten.

einige alte Triebe direkt am Boden zu entfernen, um die Entwicklung junger kräftiger Triebe zu fördern. Weiterhin ist meistens nichts zu tun. Grundsätzlich wachsen die **Schwarzen Johannisbeeren** kräftiger und verzweigen sich weniger als die Roten. Sie bringen jedes Jahr Jungtriebe hervor, die im folgenden Jahr fruchten. Die kräftigen Jungtriebe tragen besser als die kurzen, schwachen Spieße und bleiben erhalten. Die mehrjährigen, mit schwachen Spießen besetzten Zweige schneidet man dagegen weg und regt zum Neuaustrieb von einjährigem Holz an. Anders als bei den Roten Johannisbeeren werden bei den Schwarzen die Jungtriebe nicht eingekürzt.

Bei den **Roten und Weißen Johannisbeeren** entwickeln sich sowohl aus kräftigen Jungtrieben, als auch aus kurzen Spießen am mehrjährigen Holz gleichwertige Früchte. Hier können einige alte, mit Spießen besetzte Zweige deshalb erhalten bleiben. Allerdings kommt es der Fruchtqualität durchaus zugute, wenn die Sträucher gut ausgelichtet und regelmäßig verjüngt werden. Dabei schneidet man vor allem zu dicht stehende alte Zweige direkt am Boden weg. Weiterhin entfernt man zu schwache junge Bodentriebe. Ansonsten bleiben die

Johannisbeer- und Stachelbeer-Hochstämmchen

Hochstämmchen von Johannisbeeren und Stachelbeeren werden gewöhnlich auf Sämlinge der Wilden Johannisbeere *(Ribes aureum)* veredelt. Dazu pflanzt man in den Baumschulen möglichst kräftige, eintriebige Jungpflanzen dieser Art auf, befreit sie regelmäßig von Seitentrieben und stäbt sie, damit sich kräftige, gerade Stämmchen bilden. Schließlich werden sie durch Kopulation oder durch Anplatten veredelt. Daher ist es übrigens auch wichtig, die Wildtriebe aus dem Boden regelmäßig zu entfernen. Der Hobbygärtner kann diese Triebe auch als Unterlagen nutzen und weiterveredeln, um selbst Hochstämmchen zu ziehen. Die Anwachschancen beim Beerenobst sind dabei recht hoch. Hochstämmchen sind ähnlich zu behandeln wie ihre buschigen Artverwandten. Man regt sie zunächst durch den Rückschnitt zur Entwicklung kräftiger Triebe und üppiger Kronen an und lichtet sie später nur noch regelmäßig aus.

Beim Pflanzen kürzt man einige gut verteilte, kräftige Triebe etwa um die Hälfte ein. Infolgedessen entwickeln sich aus den verbliebenen Knospen kräftige Jahrestriebe, die bereits im nächsten Jahr fruchten. In den folgenden Jahren wird die so entstandene Krone durch das Entfernen alter und zu schwacher Zweige licht und vital gehalten.

Ein besonderes Kronengerüst mit Leitästen wie bei Obstbäumen gibt es nicht. Im Unterschied zu den bodenständigen Sträuchern bleiben die Kronen kleiner und vergreisen auch früher. Sie müssen deshalb stärker ausgelichtet und früher verjüngt werden, um die Vitalität zu fördern. Weiterhin ist es nötig, Wildtriebe aus der Veredelungs-Unterlage zu beseitigen.

Hochstämmchen-Veredelung durch Anplatten

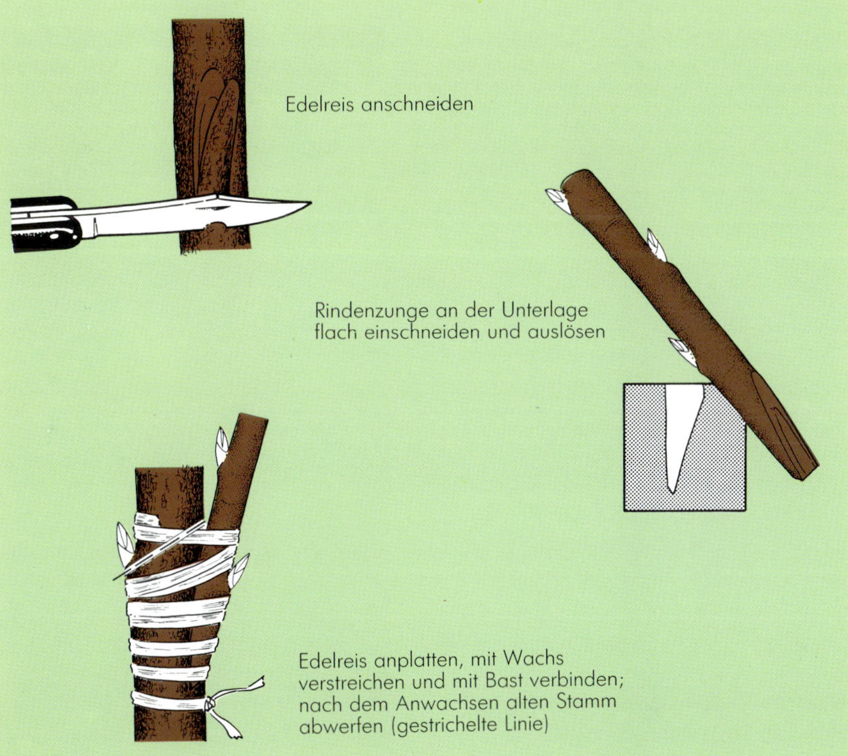

Triebe genauso wie bei den schwarzen Sorten unbehandelt. Nur bei einigen roten Sorten, die sich schlecht verzweigen, empfiehlt es sich, die Triebe einzukürzen und zur Verzweigung anzuregen.
Zum Beispiel wachsen die Johannisbeersorten 'Rondom' und 'Fays Fruchtbare' stark aufrecht und verzweigen sich schlechter als etwa 'Vierländer' oder 'Stanza', die nicht eingekürzt werden sollten, weil sie sonst zu dicht wachsen.

Stachelbeeren *(Ribes)*

Stachelbeeren werden ähnlich behandelt wie die Roten Johannisbeeren. Sobald sich nach einigen Jahren kräftige Sträucher entwickelt haben, ist es nur noch nötig, diese regelmäßig auszulichten, so daß jeweils etwa acht bis zehn alte Bodentriebe und vier bis sechs Jungtriebe erhalten bleiben. Darüber hinaus ist es allenfalls nötig, stärker auszulichten, weil sie dichter wachsen als die Johannisbeeren.
Alte, verwilderte Stachelbeersträucher vertragen die **Verjüngung** gleichermaßen gut wie Johannisbeeren. Dazu schneidet man einige alte Zweige direkt am Boden weg, so daß ein lichter Strauch entsteht. Infolge der Verjüngung entwickeln sich wieder kräftige Jungtriebe aus dem Boden. Sobald diese verholzt und verzweigt sind, werden auch die übrigen alten Zweige am Boden entfernt.

Himbeeren und Brombeeren *(Rubus)*

Himbeeren werden beim Pflanzen auf etwa 30 cm zurückgeschnitten. Dadurch bewurzeln sie besser und bringen kräftige Jungtriebe hervor. Im Herbst werden dann die alten Triebstummel am Boden entfernt,

Oben: Himbeeren entwickeln keine typischen Sträucher, sondern nur zahlreiche kräftige Triebe aus dem Boden, die im Sommer fruchten. Die abgeernteten alten Triebe schneidet man im Herbst weg.

Rechts: Stachelbeeren fruchten an vorjährigen Trieben.

die Jungtriebe bleiben erhalten. Sie fruchten im nächsten Jahr. Nach der Ernte geht man genauso vor: Abgeerntete Triebe werden wiederum am Boden entfernt, die jungen Jahrestriebe bleiben erhalten.
Pro Pflanze läßt man etwa acht bis zehn kräftige Jahrestriebe stehen. Schwache Triebe und eingetrocknete Triebspitzen schneidet man ebenfalls weg.
Bei Brombeeren werden die Triebe im Gegensatz zu den Himbeeren mehrere Jahre alt. Sie verzweigen sich und entwickeln ein dichtes Gewirr aus alten und jungen Trieben. Der Auslichtungsschnitt darf

deshalb nicht vernachlässigt werden.
Beim Pflanzen schneidet man die Ruten auf etwa 30 cm zurück. Daraus entwickeln sich im Jahr nach der Pflanzung kräftige Jahrestriebe, von denen etwa vier bis fünf erhalten bleiben. Die übrigen schneidet man im Frühjahr weg. Die erhaltenen Vorjahrestriebe bringen im Sommer aus Seitenknospen Blüten und schließlich Früchte hervor.
Die Seitentriebe werden entgeizt, das heißt über dem ersten Blütenstand eingekürzt, sonst werden sie zu lang, und der Strauch oder die Hecke wird undurchdringlich. Während des Sommers entwickeln die Pflanzen außerdem wieder junge Bodentriebe, die für die weitere Entwicklung des Brombeerstrauchs bzw. der Hecke gebraucht werden. Die schwachen Triebe sind zu entfernen.
Die kräftigen jungen Ruten legt man im Herbst zu Boden, um sie besser vor Frost zu schützen; im Frühjahr werden sie wieder aufgerichtet. Die alten Tragruten sind in der Regel ausreichend frosthart. Sie bleiben etwa drei bis vier Jahre erhalten und werden dann entfernt und durch jüngere ersetzt. Sehr lange Tragruten kann man auch einkürzen, damit der Strauch einigermaßen kompakt bleibt. Bei der Heckenerziehung heftet man die Tragruten an ein Drahtgerüst und hält sie so in Form.

Rechts: Im Frühjahr nach der Pflanzung treibt die Himbeere junge Triebe aus dem Boden. Die abgestorbenen alten Triebe schneidet man dann weg.

Heidelbeeren *(Vaccinium corymbosum)*

Heidelbeeren brauchen keinen besonderen Schnitt und müssen wie die anderen Beerensträucher nur ausgelichtet werden. Bei der Pflanzung kürzt man allenfalls sehr lange Triebe ein und entfernt zu schwache Bodentriebe. Die Früchte entwickeln sich wie bei Johannis- und Stachelbeeren an vorjährigen Trieben.
Für den Anbau der kleinen, pflegeleichten Sträucher ist die Bodenbeschaffenheit besonders wichtig: Heidelbeeren sind Moorbeetpflanzen. Sie brauchen sauren, humosen Boden und unterscheiden sich so von den übrigen Obstgehölzen, die auf mehr oder weniger kalkhaltigem Boden gedeihen. Empfehlenswert ist zum Beispiel eine Mischung aus Rindenhumus und Laubkompost zu gleichen Teilen.

Schnitt seltener Obstarten

Es gibt eine Reihe weiterer anbauwürdiger Obst-Arten, die nur zum Teil im Erwerbsobstbau kultiviert werden. Im Garten ist die Kultur dieser Raritäten oder Wildobst-Arten aber durchaus lohnenswert, zumal viele dieser Früchte kaum im Handel erhältlich oder sehr teuer sind. Einige davon sind im übrigen willkommene Ziergehölze, wie etwa die Felsenbirne, die im Frühjahr mit weißen Blüten übersät ist, im Sommer die heidelbeerähnlichen Früchte bringt und im Herbst leuchtendes Laub trägt. Sie eignen sich zum Teil als Heckenpflanzen und brauchen daher keinen besonderen Platz im Garten. Hinzu kommt, daß sie mit wenigen Ausnahmen keine besondere Pflege brauchen und einfach zu schneiden sind.

Alte, verwilderte Weinreben vertragen einen kräftigen Verjüngungsschnitt im Spätwinter.

Weinreben *(Vitis vinifera)*

Wein gehört eigentlich noch zum Kulturobst, genaugenommen zum Beerenobst. Als Kletterpflanze weicht er jedoch von den übrigen Arten ab, zumal er oft nicht nur wegen der Früchte, sondern als Ziergehölz beziehungsweise als Hausschmuck gepflanzt wird.
Im Garten gedeihen Weinreben am besten an einer sonnigen Südseite, etwa an einer Hauswand, an einer Pergola oder an einem Zaun. Dort breiten sie sich rasch aus, tragen zur Klimaverbesserung bei und bringen zudem reichlich Früchte. Obwohl auch verwilderte Reben reichlich tragen, sollte man die Reben richtig erziehen und regelmäßig schneiden, wenigstens einmal jährlich.
Zunächst wird der junge Rebstock (in einem Weinanbaugebiet *muß* das eine Pfropfrebe, also eine veredelte Rebe sein!) an das Spalier, den Zaun oder an die Pergola **gepflanzt**. Er wird zurückgeschnitten und zu kräftigem Austrieb und zur Verzweigung angeregt (siehe Erziehungsschnitt/Spaliererziehung S. 34), wenn sich ein gleichförmiges Zweigwerk, zum Beispiel ein Fächerspalier, entwickeln soll.
Von Anfang an muß auf eine gleichmäßige Entwicklung der Triebe geachtet und gezielt geschnitten und befestigt werden. Hierbei sei erwähnt, daß man Reben nicht direkt über einer Knospe abschneidet, sondern zwischen zwei Knospen, so daß ein kurzer Zapfen erhalten bleibt, weil die Knospe sonst vertrocknen würde.
Man kann die Rebe aber auch formlos **erziehen** und beispielsweise einen Schnur-Stock, also eine eintriebige Pflanze bilden. Dazu lenkt man nach dem Pflanzen nur einen Trieb nach oben oder in eine andere gewünschte Richtung und schneidet die Seitentriebe weg, die sonst für die Erziehung etwa eines Fächerspaliers nötig gewesen wären. Der Trieb wird während des Sommers angebunden und weitergeführt. Seitentriebe, die sich eventuell schon jetzt bilden, sind zu entfernen.

Im nächsten Frühjahr kürzt man den Haupttrieb dann ein, damit er sich kräftigt und gezielt verzweigt. Der Trieb aus der obersten Knospe wird erneut geheftet und weitergeführt. Die Seitentriebe aus den nachfolgenden Knospen bleiben nun erhalten. Im nächsten Frühjahr werden sie eingekürzt und so zu Fruchtholz umgewandelt. Auf diese Weise führt man den Haupttrieb von Jahr zu Jahr weiter und regt ihn zur Entwicklung von immer mehr Fruchtholz an: Es entsteht ein kräftiger Stamm, der reichlich fruchtet und dennoch einfach zu pflegen ist. Das Fruchtholz muß dazu nur regelmäßig jedes Jahr auf jeweils einen kurzen Stummel mit drei bis sieben Knospen zurückgeschnitten werden.
Die Erziehung mit einem Trieb ist auch bei der Begrünung einer Pergola üblich. Und zwar wird die

Rebe zunächst eintriebig nach oben gelenkt und dann erst zur Verzweigung angeregt, damit sich ein Fächer bildet.
Der Schnitt der Weinreben wird am besten im Spätwinter, etwa Ende Februar/Anfang März erledigt, wenn die strengsten Fröste vorbei sind. Zu spät darf nicht geschnitten werden, weil die Wunden beim Wein stark bluten. Zudem ist der Sommerschnitt üblich, wobei hauptsächlich die Fruchttriebe eingekürzt werden, damit die Früchte mehr Licht bekommen. Dazu schneidet man jeden Fruchttrieb kurz nach der letzten Traube an. Weiterhin werden Geiztriebe, das sind Triebe, die aus den Blattachseln entspringen, ausgebrochen.

Beim Sommerschnitt der Weinreben sind Geiztriebe zu entfernen bzw. einzukürzen.

Kiwis *(Actinidia chinensis)*

Die Kiwi ist eine sehr wüchsige Kletterpflanze und braucht ein Spalier. Sie wird gewöhnlich als Topfpflanze angeboten. Am besten gedeiht sie an einer sonnigen Südwand, da sie sehr wärmebedürftig ist.
Beim **Pflanzschnitt** schneidet man nur beschädigte, schwache und dürre Triebe zurück. Bei einer Pflanzung im Herbst ist ein Frostschutz erforderlich. Im Jahr nach der Pflanzung wurzelt die Jungpflanze an und bringt noch ziemlich wenig Zuwachs hervor. Im Herbst ist wieder ein Frostschutz nötig. Im Frühjahr darauf werden die erfrorenen Triebe und Triebspitzen zurückgeschnitten und schwache Triebe entfernt. Im Laufe des zweiten Jahres sollte die Jungpflanze bereits gut angewachsen sein und meterlange Jahrestriebe treiben, die im Sommer gleichmäßig am Spalier verteilt und geheftet werden. Im dritten Frühjahr wird wieder ausgeputzt, das heißt, erfrorene und schwache Triebe werden entfernt. In diesem Jahr bringen die mehrjährigen Ruten aus seitlichen Knospen beziehungsweise aus Seitentrieben bereits Blüten hervor.
Kiwis sind mit Ausnahme einiger Neuzüchtungen zweihäusig, das heißt die männlichen und die weiblichen Blüten sitzen auf verschiedenen Individuen: Es gibt also männliche und weibliche Pflanzen. Man muß deshalb mindestens eine männliche und eine weibliche Kiwi einpflanzen. Die Unterschiede sind erst an den Blüten zu erkennen: Die weiblichen Blüten haben keine Staubgefäße, die männlichen Blüten haben keine Narbe. Am besten pflanzt man deshalb mehrere Jungpflanzen, um die Chancen auf einen Fruchtertrag zu erhöhen. Nur bei den einhäusigen Neuzüchtungen,

wo die männlichen und weiblichen Blüten auf einer Pflanze sitzen, genügt ein Exemplar.
Sobald die Kiwis im Ertrag stehen, sollten sie möglichst wenig beschnitten werden. Allenfalls ist es nötig, im Frühjahr auszulichten und die Frostschäden zu beseitigen und im Sommer die Seitentriebe wie bei Weinreben auf etwa fünf bis sechs Blätter oberhalb der Früchte zu kappen, damit die Pflanze licht und luftig bleibt.

Kiwis fruchten am vorjährigen Holz. Im Sommer kann man die Früchte freischneiden, indem die jungen Triebe eingekürzt werden.

Mispel *(Mespilus germanica)*

Die Mispel ist ein kleiner Kernobst-Baum, der im Frühjahr etwa mit dem anderen Kernobst blüht und im Spätherbst fruchtet. Die Blüten sitzen an den Zweigspitzen, die Triebe dürfen deshalb nicht eingekürzt werden. Die Früchte schmecken süßlich-herb und sind erst gut, wenn sie nach den ersten Frösten weich und teigig werden. Mispeln sind seltene kleine Bäume, die in jeden Garten passen. Der Standort muß jedoch geschützt sein, weil sie nicht ganz winterhart sind. Sie brauchen keinen besonderen Schnitt und werden in der Regel nur ausgeputzt, wobei krankes und erfrorenes Holz zu entfernen ist. Außerdem sollte man zu eng stehende und überkreuzte Triebe ausdünnen.

Die Mispelfrüchte sitzen an den Zweigspitzen. Die Jahrestriebe daher nicht einkürzen!

Walnuß *(Juglans regia)*

Nußbäume sollten – wie Aprikosenbäume – so wenig wie möglich geschnitten werden, denn Nußbäume wachsen recht locker und wenig verzweigt, so daß die Kronen auch ohne Pflege licht und offen bleiben. Im übrigen sind die Nußbaumtriebe hohl oder haben ein weiches Mark, das feuchtigkeitsempfindlich ist.
Nußbäume werden vorzugsweise als Halb- oder Hochstämme gezogen, aber auch Niederstämme sind möglich. Grundsätzlich unterscheidet man zwischen Sämlingen – also Bäumen, die aus Kernen gezogen wurden – und Veredelungen, das sind gezüchtete Sorten, die auf Schwarznüsse *(Juglans nigra)* veredelt sind. Sämlinge unterscheiden sich durch ihren kräftigeren Wuchs von den Veredelungen. Sie sind kaum für durchschnittliche Hausgärten geeignet, weil sie mächtige Kronen entwickeln. Allenfalls kann man ein Exemplar als Hausbaum pflanzen. Außerdem tragen sie später als Veredelungen; es dauert oft mehr als zehn Jahre, bis die ersten Früchte reifen.
Veredelungen entwickeln dagegen relativ kleine Kronen mit einem Durchmesser von etwa 5 m nach zehn Jahren und sind nach 15 Jahren mit 8 m Kronendurchmesser bereits ausgewachsen. Zudem tragen sie oft schon im sechsten oder siebten Standjahr. Die Früchte sind im übrigen wesentlich größer als die der Sämlinge.
Die beste Zeit zum Pflanzen, also auch für den Pflanzschnitt, ist im Frühjahr, wenn keine strengen Fröste mehr zu erwarten sind. Der **Pflanzschnitt** beschränkt sich jedoch darauf, störende, also schwache, verletzte, dürre und nach innen wachsene Triebe zu entfernen. Weiterhin ist es eventuell nötig, den Stamm »aufzuputzen«, das heißt alle Triebe, die unterhalb der gewünschten Kronenhöhe aus dem Stamm wachsen, zu entfernen. Dies ist beispielsweise bei einem Heister nötig; das ist eine eintriebige Veredelung, die bereits verzweigt ist, aber noch keine Krone bildet. Bei einer kräftigen mehrjährigen Jungpflanze mit bereits deutlich ausgebildeter Krone wird außer den störenden Trieben nichts geschnitten – auch nicht die Leittriebe, also der Mitteltrieb und die drei bis vier ausgewählten, gleichmäßig angeordneten Seitentriebe. Sie entwickeln und verzweigen sich auch ohne Schnitt recht gut.
Auch in den ersten Jahren nach der Pflanzung braucht der Nußbaum keinen Schnitt. Allenfalls entfernt man störende und korrigiert brauchbare Triebe, zum Beispiel durch Abspreizen. Nur wenn sich die Leittriebe sehr lang entwickeln und wenig verzweigen, werden sie eingekürzt. Ansonsten wird erst in die Krone eingegriffen und ausgelichtet, sobald sie sich reich verzweigt hat. Später braucht die Krone nur überwacht zu werden. Falls nötig sind nur noch störende Äste zu beseitigen. Schlimmstenfalls müssen nach einem strengen Winter erfrorene Äste zurückgeschnitten werden. Danach ist der Aufbau einer neuen Krone nötig.
Die beste Zeit für den Nußbaumschnitt ist etwa im Spätsommer. Die Wundheilung vollzieht sich dann rascher als beim Schnitt im Spätwinter. Der Schnitt ist auch im Spätwinter möglich, wenn keine strengen Fröste mehr drohen und wenn die Wunden noch nicht so stark bluten.

Nußbäume, die richtig erzogen sind, brauchen später keinen besonderen Schnitt mehr.

Rechts: Die Walnüsse entwickeln sich aus dicken Knospen an den vorjährigen Trieben. Diese Triebe gilt es deshalb zu erhalten; keinesfalls die Nüsse – wie oft üblich – abschlagen!

Wuchsformen bei Nußbaum-Sorten

(nach BdB)

'Esterhazy II': mittelstarker Wuchs; breitkronig.

'Klon Nr. 26': mittelstark; breitaufrecht.

'Klon Nr. 120': sehr stark; breit.

'Klon Nr. 139': mittelstark; geschlossene Krone.

'Klon Nr. 1247': mittel bis stark; große breite Krone.

'Weinsberg 1': mittelstark; breit ausladende Krone.

Haselnuß
(Corylus avellana)

Haselnußsträucher gehören seit alter Zeit zu den wichtigen Obstgehölzen. Die Wildhaseln bringen jedoch nur kleine Nüsse hervor. Für den Anbau im Garten empfehlen sich deshalb Kultursorten wie etwa die Lambert- oder die Zeller-Nüsse, die besonders großfruchtig sind und kleinere Sträucher entwickeln als die Wildhasel.
Weiterhin gibt es eine Baumhasel *(Corylus colurna)*, die jedoch wegen der kleinen, hartschaligen Nüsse kaum kultiviert wird. In öffentlichen Anlagen pflanzt man sie nur wegen ihrer schönen großen Krone. Im Obstbau dient sie dagegen als Veredelungsunterlage für Haselnußsträucher. Diese werden dazu im Winter unter Glas auf vorkultivierte Topfpflanzen gepfropft. Aus den Veredelungen entwickeln sich dann einstämmige Haselnuß-Bäume. Gelegentlich sind solche Veredelungen in gut sortieren Baumschulen erhältlich. Sie können aber auch eine unveredelte strauchförmige Hasel als Stämmchen ziehen, indem Sie einen kräftigen Trieb stehenlassen und alle Seitentriebe entfernen. Anders als bei Veredelungen auf der Baumhasel treiben aufgeputzte Haselbäume immer wieder Triebe aus dem Boden, sogenannte Stockausschläge, die weggeschnitten werden müssen. Ansonsten ist der Schnitt einfach. Die Kronen werden nur ausgelichtet.
Das gleiche gilt für die Haselnußsträucher. Zunächst werden sie beim Pflanzen kräftig zurückgeschnitten. Im Jahr darauf bringen sie viele kräftige Ruten hervor, die im nächsten Winter ausgelichtet werden. Nur etwa sechs bis acht kräftige Ruten bleiben stehen. Daraus entwickeln sich kräftige Haupttriebe, die sich zunehmend verzweigen und an kurzen Seitentrieben Blüten und Früchte tragen.
Der Haselstrauch ist einhäusig, das heißt er trägt seine männlichen und weiblichen Blüten auf einem Strauch. Die Befruchtung ist dadurch gesichert. Dennoch ist der Ertrag besser, wenn mehrere Pflanzen verschiedener Sorten zusammen stehen.
Während der Entwicklung und Verzweigung der alten Ruten treiben gleichzeitig junge Ruten aus dem Boden. Sie dienen zur Verjüngung des Strauches und bleiben zum Teil erhalten. Nur die schwachen werden entfernt. Sobald die alten Zweige nach einigen Jahren vergreisen – die Rinde wird rissig, der Ertrag läßt nach – werden sie durch junge Ruten ersetzt.
Durch den jährlichen Auslichtungsschnitt, bei dem einige alte Zweige und die schwachen Jungtriebe direkt am Boden weggeschnitten werden, bleibt der Haselnußstrauch licht, wüchsig und ertragsfähig.

Haselnüsse entwickeln sich aus den unscheinbaren roten weiblichen Blüten, die von den männlichen Kätzchen bestäubt werden.

Die Früchte der Felsenbirne entwickeln sich aus weißen Blüten am vorjährigen Holz.

Pflegeleichtes Wildobst

Felsenbirne *(Amelanchier spec.)*
Mit Birnen haben die Früchte der Felsenbirne nichts gemeinsam. *Amelanchier* ist ein sehr schöner Strauch, der 3–4 m hoch werden kann. Er blüht im April, wobci das sparrige Geäst mit unzähligen creme-weißen Blüten übersät ist. Daraus entwickeln sich bis zum Sommer viele kleine, rot-schwarze Früchte, die ein wenig wie Heidelbeeren schmecken. Der Strauch braucht keinen Schnitt. Allenfalls ist ein Pflanzschnitt nötig, um eine schwache Jungpflanze zu kräftigem Wuchs anzuregen und um das Anwachsen zu fördern.

Apfelbeere *(Aronia melanocarpa)*
Die Apfelbeere ist eine noch ziemlich unbekannte Beerenobst-Art. Der kleine Strauch stammt aus Nord-Amerika und trägt kirschgroße, dunkelblaue Früchte, die sehr saftreich sind. Die Apfelbeere ist sehr pflegeleicht und muß nur gelegentlich ausgelichtet werden.

Eßkastanie *(Castanea sativa)*
Eßkastanien oder Maroni, wie sie mancherorts genannt werden, sind im Herbst auf Märkten oder in gut sortierten Obstgeschäften erhältlich. Die Schalenfrüchte stammen meist aus südlichen Regionen (z. B. aus dem Tessin oder aus Südfrankreich), da der Anbau der großen Bäume nur dort wirtschaftlich betrieben werden kann. Es dauert oft mehr als zwanzig Jahre, bis Kastanienbäume Früchte tragen. Die Veredelungen kommen schon früher, etwa nach fünf Jahren in den Ertrag, sind jedoch leider nur selten erhältlich.
Eßkastanien gehören zu den Buchengewächsen und brauchen durchlässige, humose Böden. Auf kalkhaltigen Böden werden sie bald chlorotisch, das heißt: In den Blättern entwickelt sich zu wenig Chlorophyll und sie werden gelb.

Ansonsten sind Eßkastanien in großen Gärten durchaus kultivierbar. Sie brauchen jedoch sehr viel Standraum, zumal stets mehrere Bäume gepflanzt werden müssen, damit sie sich gegenseitig befruchten können. Obwohl sie einhäusig sind, also weibliche und männliche Blüten auf einem Baum tragen, sind sie meistens auf Fremdbefruchtung angewiesen, weil die männlichen und weiblichen Blüten eines Baumes in der Regel zu unterschiedlichen Zeiten blühen.

Die am vorjährigen Holz blühenden Zierquitten bringen eine Menge süß-saurer Früchte hervor.

Eßkastanien fruchten am vorjährigen Holz. Sie brauchen einen geeigneten Pollenspender, weil sich männliche und weibliche Blüten oft zu verschiedenen Zeiten öffnen.

Der Schnitt der Eßkastanien ist einfach. Sie werden nur ausgelichtet, sobald sie zu schönen Bäumen herangewachsen sind. Die Jungpflanzen müssen eventuell gestäbt und geordnet werden, damit sich ein gleichmäßiges Zweiggerüst entwickelt.

Zierquitten *(Chaenomeles-Arten)*

Zierquitten werden weniger wegen ihrer Früchte als wegen ihrer Blüten kultiviert. Es sind kleine, dornige Sträucher, die auf jedem Boden gedeihen und keine besondere Pflege brauchen. Der Schnitt beschränkt sich auf das gelegentliche Auslichten, damit die Sträucher nicht zu dicht werden und die Früchte leichter zu ernten sind. Diese Früchte haben eine Ähnlichkeit mit den echten Quitten, bleiben jedoch kleiner. Ansonsten sind sie ebenso hart und müssen daher gekocht werden, damit sie genießbar werden. Ein Gelee oder eine Marmelade aus Zierquitten ist etwas Besonderes. Es schmeckt süß-sauer und zitronenartig. Außer dem Auslichten ist kein Schnitt nötig.

Kornelkirschen *(Cornus mas)*

Kornelkirschen sind leuchtendrote, walzenförmige Früchte, die im Herbst reifen und süß-sauer schmecken; je länger sie am

Strauch bleiben, um so dunkler und süßer werden sie. Der Strauch ist ein wertvolles Ziergehölz, zumal er schon im Spätwinter zartgelbe Blüten entfaltet, die gerne von Insekten aufgesucht werden. Er wird etwa 3–5 m hoch. Je nach Standort und Versorgung bietet er sich – wie die Felsenbirne und andere hier erwähnte Arten – für die Heckenpflanzung oder auch als Einzelgehölz für den freien Stand (Solitär) an.
Die Sträucher wachsen licht und locker. Ein besonderer Schnitt ist nicht nötig. Jungpflanzen dürfen eventuell zurückgeschnitten und zur Verzweigung angeregt werden. Die Kornelkirsche verträgt aber den Schnitt sehr gut und kann sowohl ausgelichtet als auch verjüngt werden.

Sanddorn *(Hyppophaë rhamnoides)*
Der Sanddorn ist vielfach für seine leuchtend roten und Vitamin-C-reichen Früchte bekannt. Der dornige Strauch wächst sehr vital und ist deshalb nur bedingt als Gartenpflanze geeignet. Vor allem treibt er zahlreiche Wurzelausläufer und breitet sich damit weit aus.
Der Schnitt ist einfach und beschränkt sich auf das Auslichten. Die Pflanze verträgt den Schnitt sehr gut, auch, wenn gleich bei der Ernte ausgelichtet wird. Dabei schneidet man die fruchtenden Äste ab, was sehr zur Ernteerleichterung beiträgt. Infolge des Schnitts treiben dann wieder zahlreiche Jungtriebe, so daß der Ertrag auch für die nächsten Jahre gesichert ist. Sonst ist kein besonderer Schnitt nötig.

Beim Sanddorn sitzen männliche und weibliche Blüten auf verschiedenen Pflanzen; nur die weiblichen Pflanzen fruchten.

Schlehen sind eng mit den Zwetschgen verwandt. Man braucht sie nur auszulichten.

Schlehen *(Prunus spinosa)*
Die Schlehe ist eine wilde Steinobst-Art und kann wie der Sanddorn nur bedingt als Gartenpflanze empfohlen werden, weil sie starke Ausläufer treibt. Nur wo sie sich frei entwickeln darf, zum Beispiel an einem nicht nutzbaren, steinigen Hang, ist die Pflanzung sinnvoll. Schlehen brauchen keinen Schnitt. Man kann sie zur Ernteerleichterung gelegentlich auslichten.

Hagebutten-Rosen *(Rosa canina, R. rugosa)*
Als Obstgehölze sind hauptsächlich die Hundsrose *(R. canina)* und die Kartoffelrose *(R. rugosa)* wertvoll, weil sie recht viel Fruchtfleisch besitzen, das angenehm süß

schmeckt. Beide Arten entwickeln dichte, ausläufertreibende Sträucher, die durch gelegentliches Auslichten erhalten bleiben. Dabei werden schwache und zu eng stehende Triebe entfernt. Ein besonderer Erziehungs- oder Fruchtholzschnitt ist nicht nötig.

Holunder *(Sambucus nigra)*
Der Holunder ist eine altbekannte Heil- und Nutzpflanze. Außer den Früchten erweisen sich auch die Blüten als wertvoll. Die Früchte müssen gekocht werden, sonst wirken sie stark abführend.
Der Strauch wächst sehr robust und entwickelt ein kräftiges aufrechtes Geäst. Ein besonderer Schnitt ist nicht nötig. Allenfalls werden zu dicht stehende und schwache Triebe ausgelichtet.

Eberesche *(Sorbus aucuparia moravia)*
Ebereschen oder Vogelbeeren sind kleine schlanke Bäume, die im Frühjahr mit ihren Doldenblüten und im Herbst mit ihren vielen roten Früchten auffallen. Die Früchte der Wildarten sind jedoch sehr bitter und müssen gekocht werden. Als Obstgehölze für den Garten sind nur die Züchtungen zu empfehlen, die aus der Mährischen Eberesche hervorgegangen sind, weil deren Früchte kaum Bitterstoffe enthalten und auch roh genießbar sind.
Ebereschen brauchen einen Pflanz- und Erziehungsschnitt, damit sie ein kräftiges Astwerk entwickeln. Dadurch können sie den reichen Ertrag besser verkraften. Später werden sie nur noch ausgelichtet.

Auch beim Holunder sind die vorjährigen Triebe zu erhalten, denn daraus entwickeln sich die üppigen Fruchtdolden.

Aus den cremeweißen Ebereschen-Blüten reifen im Herbst die »Vogelbeeren«.

JAHRESÜBERBLICK Schnitt von Obstgehölzen und begleitende Pflegearbeiten

Januar/Februar

Nur bei frostfreiem Wetter!

- Auslichtungs- und Erziehungsschnitt bei Obstbäumen und Beerensträuchern, Spalierobst und Weinreben, mit Ausnahme der frostempfindlichen Arten, wie etwa Pfirsich, Aprikose, Kiwi
- Verjüngen von verwilderten Kronen
- Rindenpflege und Stammschutz (gegen Wildverbiß und als Sonnenschutz)
- Schneiden und Lagern von Edelreisern
- Abwerfen von Kronen zum Umveredeln
- Vorbereiten und Ausschneiden von Veredelungsunterlagen (z. B. von geeigneten Sämlingen)
- Wundbehandlung
- Ab Ende Februar auch Nußbaumschnitt möglich

März

- Auslichtungs- und Erziehungsschnitt noch möglich, solange die Wunden nicht bluten; insbesondere Schnitt der frostempfindlichen Arten, wie Pfirsich, Aprikose und Kiwi
- Nußbaumschnitt möglich
- Pflanzschnitt und Pfählen bei Jungpflanzen
- Wundbehandlung und Rindenpflege, Frostschäden heilen
- Veredeln durch Pfropfen

April

- Schnitt von Pfirsich und Aprikose vor, während oder nach der Blüte
- Pflanzschnitt und Pfählen bei Jungpflanzen
- Veredeln durch Pfropfen

Mai

- Veredeln durch Pfropfen
- Stäben und Heften (z. B. krumme Gipfeltriebe, Weinreben usw.)

Juni

- Sommerschnitt bei Kern- und Steinobst sowie Weinreben
- Dürres Holz und kranke Triebe ausputzen
- Stäben und Heften
- Bastverband bei Veredelungen lösen

Juli

- Sommerschnitt, insbesondere von Steinobst, Beerenobst nach der Ernte und Weinreben, aber auch Kernobst
- Dürres Holz und kranke Triebe ausputzen; kranke Früchte und Fallobst entfernen
- Stäben und Heften
- Veredeln durch Okulation

August

- Sommerschnitt von Stein- und Beerenobst nach der Ernte
- Dürres Holz und kranke Triebe ausputzen; kranke Früchte und Fallobst entfernen
- Stäben und Heften
- Veredeln durch Okulation

September

- Sommerschnitt von Stein- und Beerenobst nach der Ernte, insbesondere von Himbeeren
- Nußbaumschnitt möglich
- Dürres Holz und kranke Triebe ausputzen
- Pflanzschnitt und Pfählen bei Jungpflanzen

Oktober/November

- Pflanzschnitt und Pfählen bei Jungpflanzen, bei frostempfindlichen Arten besser erst im Frühjahr
- Frostschutz bei empfindlichen Gehölzen
- Rindenschutz gegen Wildverbiß und Rindenrisse
- Leimringe, besser Wellpappegürtel gegen Frostspanner anlegen (im Frühjahr wieder abnehmen)

Dezember

- Frostschutz bei empfindlichen Gehölzen
- Etwa ab Ende des Monats Schnitt und Pflege wie im Januar/Februar, bei frostfreiem Wetter

Kleines Lexikon des Obstgehölzschnitts

Ableiten/Ablenken: Steile Triebe über einem flacher stehenden Seitentrieb abschneiden.

Absenken: Steile Triebe durch Binden oder Abspreizen in waagrechte Lage bringen.

Absenker: Junge Triebe werden bei Beerensträuchern zu Boden gedrückt, dort befestigt und so zur Bewurzelung angeregt, um sie später zur Vermehrung zu verwenden.

Abspreizen: Steile Triebe durch Einspreizen eines Hölzchens in flacherer Lage fixieren (→ Absenken).

Abwerfen: Die Krone eines Baumes (z. B. zum → Umveredeln) abschneiden, und zwar so, daß nur kurze Stummel oder nur der Stamm erhalten bleiben.

Abwildern: Bei jungen Veredelungen (→ Okulanten) die Wildtriebe entfernen;

Afterleittrieb: Meist aufrechter, kräftiger Trieb, der unmittelbar unterhalb des Mittelleittriebes steht; damit bildet er eine Konkurrenz, die zu entfernen ist.

Akrotonie: Das Gesetz von der Spitzenförderung. Es besagt, daß stets die Knospe am stärksten treibt, die am höchsten steht. Dies muß nicht unbedingt die → Terminalknospe sein, sondern kann bei einem abwärts gebogenen Ast auch die am höchsten stehende Triebknospe sein (→ Oberseitenförderung).

Alternanz: Die veränderliche Fruchtbarkeit der Obstgehölze von einem Jahr zum anderen. Sie ist von der Sorte, vom Schnitt, vom Wetter und von anderen Faktoren abhängig; z. B. neigen die Apfelsorten 'Goldparmäne' oder 'Geheimrat Oldenburg' stark zum Alternieren; ebenso kann ein kräftiger Rückschnitt einen schwachen Fruchtansatz zur Folge haben.

Altersstadium: Der Zustand der Obstgehölze im Alter, gekennzeichnet durch abnehmende Fruchtbarkeit; kann je nach Art und Sorte früher oder später einsetzen.

Anhäufeln: Die Triebbasis von Sträuchern mit Erde bedecken (ähnlich wie bei Rosen zum Winterschutz) und dadurch zur Wurzelbildung anregen; wichtige Vermehrungstechnik bei Beerensträuchern, Haselnuß u. a. Obstarten.

Anplatten: Eine Veredelungstechnik bei Beeren-Hochstämmchen; hierbei wird ein Edeltrieb seitlich in das Stämmchen eingesetzt.

Anschneiden: Den Mittelleittrieb bei einem jungen Obstbaum einkürzen, damit er sich verzweigt.

Ast-Rangordnung: Unterscheidung zwischen alten und jungen Trieben. Die ältesten Triebe und die Seitenleitäste, die zuerst gebildet wurden, bezeichnet man als Seitentriebe 1. Ordnung, deren Verzweigungen sind Seitentriebe 2. Ordnung usw. Dies ist bei der weiteren Kronenerziehung zu beachten.

Astring: Die Stelle, an der ein Trieb, Zweig oder Ast austreibt; oft deutlich mit einer Wulst umgeben, in der teilungsfähiges Gewebe ruht. Beim Schnitt »auf Astring« heilt die Schnittwunde daher besonders schnell.

Aufputzen: Alle Seitentriebe am Stamm bis zu einer bestimmten Höhe entfernen, und zwar direkt an der Austriebsstelle.

Auge: Triebknospe, im Gegensatz zur Blütenknospe.

Ausdünnen: Bei starkem Fruchtbehang einen Teil der Früchte entfernen, um den Baum zu entlasten und die Entwicklung der übrigen Früchte zu fördern.

Ausläufer: Triebe aus dem Wurzelstock, die sich unterirdisch ausbreiten. In der Regel störende Triebe, die entfernt werden, aber mitunter als Veredelungsunterlagen brauchbar sind, wenn sie mit den Wurzeln ausgegraben werden.

Auslichten: Zu dichte Krone ausschneiden, um die Gesundheit und die Belichtung zu fördern.

Basitonie: Basisförderung – die Eigenschaft, vorwiegend Triebe aus dem Wurzelstock zu entwickeln, wie bei den Beerensträuchern, im Gegensatz zur → Akrotonie bei Bäumen.

BdB: Abkürzung für »Bund deutscher Baumschulen«; Organ des Erwerbsgartenbaus mit Sitz in Pinneberg. Ein BdB-Kennzeichen ist ein Gütesiegel, z. B. bei Obstjungpflanzen, und gibt eine gewisse Sicherheit für gesunde, leistungsfähige Pflanzen.

Befruchtung: Das Eindringen von männlichen Pollen (Blütenstaub) in den weiblichen Fruchtknoten, was erst die Entwicklung einer Frucht ermöglicht. Die Befruchtung wird meist durch die Anwesenheit mehrerer Pflanzen begünstigt.

Bestäubung: Der Transport von männlichen Pollen (Blütenstaub) auf die weibliche Narbe; Voraussetzung für die → Befruchtung; kann durch den Wind oder durch Insekten erfolgen.

Bukettriebe: → Vorjährige oder mehrjährige Triebe mit dicken, dicht zusammensitzenden → Fruchtknospen; z. B. bei Süßkirschen; wertvolle Fruchttriebe.

Buschbaum: Baum mit einer Kronenhöhe von 40–60 cm.

Containerware: Obstgehölze in Töpfen; können rund ums Jahr gepflanzt werden.

Cordon: Erziehungsform bei → Spindelbüschen; kleine Bäume mit → Mittelleittrieb, jedoch ohne deutlich ausgeprägte → Seitenleitäste 1. Ordnung (→ Astrangordnung); die Seitenleitäste werden stets kurz gehalten und auf Triebe 2. Ordnung abgelenkt.

Dickenwachstum: Die Stämme, Äste und Zweige nehmen mit zunehmendem Alter an Umfang zu.

diploid: In den Zellen sind sowohl männliche als auch weibliche Chromosomen paarig vorhanden; dies ist die Voraussetzung für eine günstige Befruchtung, im Gegensatz zu → triploid.

Edelreis: → Reiser

einhäusig: Die männlichen und weiblichen Blüten sitzen auf einer Pflanze (z. B. bei der Haselnuß). Die meisten Obstarten sind einhäusig; nur wenige sind → zweihäusig.

Entspitzen: Einen Trieb ein wenig einkürzen, um ihn zur Verzweigung anzuregen.

Ertragsbeginn: Das Alter, in dem die Jungpflanzen zum ersten Mal blühen und fruchten; je nach Art und Sorte unterschiedlich. → Sämlinge brauchen meistens länger als → Veredelungen.

Erziehung: Die Formgebung eines Obstgehölzes in den ersten Jahren nach der Pflanzung.

Erziehungsklammer: Spezielle Drahtbügel zum → Absenken von steilen Trieben.

Falscher Fruchttrieb: Trieb beim Pfirsich, der ausschließlich mit Blütenknopsen besetzt ist; wird – im Gegensatz zum → wahren Fruchttrieb – entfernt.

Flachkrone: Im Gegensatz zur natürlichen → Rundkrone schmal und breit erzogene Krone, nahezu wie beim Spalierbaum; insbesondere in Reihen oder bei Obsthecken bevorzugt.

Freie Hecke: Reihe mit schwachwachsenden Bäumen, die eng nebeneinander stehen und mit → Flachkronen erzogen werden.

Freimachung: Der veredelte Stamm treibt selbst Wurzeln und »macht sich von der Unterlage ›frei‹«. Dies ist unerwünscht, weil dadurch die Eigenschaften der Unterlage verlorengehen.

Freistellen: Durch den Sommerschnitt beschattete Früchte ans Licht bringen; insbesondere in zu dichten Kronen auslichten.

Fremdbefruchter: Obstgehölze, die zur → Befruchtung andere Bäume bzw. Sorten brauchen, z. B. beim Apfel oder bei der Süßkirsche.

Fruchtholz: Deutlich an dicken Knospen (→ Fruchtknospen) erkennbare, meist kurze Seitentriebe.

Fruchtknospe: Meist besonders dicke, runde Knospe, die eine Blüte und schließlich eine Frucht hervorbringt.

Fruchtkuchen: Triebverdickung, aus der → Fruchtholz entsteht.

Fruchtruten: Relativ lange Triebe, die mit → Fruchtknospen besetzt sind.

Fruchtspieße: Kurze Triebe mit → Fruchtknospen.

Fußstämmchen: Beerenstämmchen mit 30–40 cm Stammhöhe.

Garnierung: Fruchtknospenentwicklung an jungen Trieben, z. B. durch gezielten Rückschnitt gefördert.

generativ: Geschlechtlich; bezieht sich häufig auf Vermehrung durch Samen, also nach geschlechtlicher Befruchtung; üblich z. B. bei Pfirsichen.

Grünschnitt: → Sommerschnitt.

Gummifluß: Austritt harziger Flüssigkeit beim Steinobst, oft infolge fehlerhaften Rückschnitts bzw. mangelnder Wundbehandlung.

Habitus: Baumgestalt, Aussehen, Wuchsform.

Halbstamm: Baum, dessen Krone in einer Höhe von 100–120 cm beginnt.

Halbstrauch: Pflanzentyp zwischen Staude und Strauch; die Triebe verholzen, sterben aber im Winter ab (z. B. Himbeeren).

Hecke: Obsthecke, → freie Hecke.

Heften: Junge Triebe mit Bast festbinden und in eine bestimmte Richtung lenken.

Heister: Bis zum Boden beasteter Baum; gelegentliche Baumform bei der Walnuß.

Hochstamm: Baum mit einer Kronenhöhe von 160–180 cm (→ Halbstamm).

Hohlkrone: Trichterförmige Krone ohne senkrechten → Mittelleittrieb.

Internodien: Die Triebstücke zwischen zwei Knospen, mit je nach Obstart unterschiedlicher Länge.

Jahrestriebe: Triebe, die sich während eines Jahres entwickeln.

Johannistriebe: Triebe, die sich etwa bis zum »Johannis-Tag« (24. Juni) entwickeln.

Jugendstadium: Die ersten Lebensjahre eines Gehölzes; diese Zeit ist für die Erziehung besonders wichtig.

Kallus: Teilungsfähige Gewebeschicht, die direkt unter der Rinde liegt; nur hier wachsen z. B. → Veredelungen an.

Kerben: Ein junger Trieb wird über einer Knospe mit einem Messer eingekerbt; dies bewirkt einen Saftstau, so daß sich aus der Knospe ein besonders kräftiger Neutrieb entwickelt.

Konkurrenztrieb: Unerwünschter Trieb, der einem erhaltenswerten Trieb (häufig Leittrieb) räumlich nahesteht, deshalb in der Entwicklung hemmt und zu entfernen ist, wie etwa der → Afterleittrieb.

Kopulation: Technik zum → Veredeln, wobei → Unterlage und Edelreis gleich stark sind.

Künstliche Rinde: Wundverschlußmittel aus Kunstharz.

Längenwachstum: Die Entwicklung eines Triebes in die Länge. Je nach Art und Sorte unterschiedliche Jahresleistung; kann durch Schnitt beeinflußt werden.

Leitast: Kräftiger, dominanter Mittel- bzw. Seitentrieb, der gezielt erzogen und in eine bestimmte Richtung gelenkt wird.

Mittelleittrieb: Durchgehender, kräftiger, senkrechter Mitteltrieb, der die Hauptachse einer Pyramidenkrone bildet.

Mutterpflanze: Pflanze mit wünschenswerten Eigenschaften (z. B. Großfrüchtigkeit), die gezielt durch Stecklinge oder durch die Veredelung von → Reisern weitervermehrt wird.

Nicolieren: Eine besondere Veredelungstechnik bei Walnußbäumen mit einem Doppelklingenmesser.

Niederstamm: Baum mit einer Kronenhöhe von 80–100 cm.

Oberseitenförderung: Die bei einem waagrechten oder gebogenen Ast am höchsten sitzende Knospe wird am besten mit Wuchshormonen und Nährstoffen versorgt und bringt dementsprechend den kräftigsten Trieb hervor (→ Akrotonie).

Okulanten: Junge, durch Okulation veredelte Bäume, die nur einen Trieb und noch keine ausgebildete Krone haben; sind besonders für Spaliere, Obsthecken usw. geeignet und sehr preiswert.

Okulieren: Eine Sommerveredelungs-Technik, bei der nur ein Auge (Knospe) eingesetzt wird (lat. *okulus* = Auge).

Palmette: Eine Spalierform mit senkrechtem → Mittelleittrieb und waagrechten → Seitenleittrieben.

Pfropfen: Eine Veredelungsart im Frühjahr, bei der kurze Triebe in die Unterlage eingesetzt werden.

Pillarsystem: Erziehungsmethode von → Spindelbuschbäumen ohne Seitenleittriebe, was einen engen Stand in Reihen und hohe Erträge ermöglicht.

Pinzieren: Entspitzen eines Triebes, um die Verzweigung und Wuchsstärke zu fördern.

Pollenspender: Baum oder Strauch einer bestimmten Sorte, der Blütenstaub für die Bestäubung – Voraussetzung für die Fruchtbildung – liefert.

Pyramidenkrone: Krone mit senkrecht durchgehendem → Mittelleittrieb und symmetrisch angeordneten → Seitenleitästen.

Quirlholz: Altes, vielverzweigtes »quirliges« Holz mit zahlreichen Fruchtknospen.

Reiser: Triebe von einer wertvollen Obstsorte, die zum → Veredeln dienen.

Reiter: Vergessene Wasserschosse, die sich über mehrere Jahre entwikkeln konnten und steil im Kroneninnern stehen; sie müssen entfernt werden.

Ringeln: Durch das enge Anlegen von Drahtringen erzielt man Einschnürungen am Stamm, um das Wachstum zu bremsen, aber die Blüten- und Fruchtbildung zu fördern.

Ringelspieß: Kurzer Fruchttrieb mit einer oder wenigen Fruchtknospen.

Rundkrone: Natürliche Krone mit gleichmäßig rund um den Stamm verteilten Ästen; im Gegensatz zur → Flachkrone.

Sämling: Pflanze, die aus einem Samen herangezogen wurde, im Gegensatz z. B. zum Steckling.

Saftwaage: Wenn die Zweige einer Seitenleittrieb-Etage gleich hoch stehen, werden sie ausgeglichen mit Nährstoffen und Wasser versorgt. Die → Akrotonie gilt für alle Äste eines Gehölzes, das heißt: Die am höchsten stehende Knospe wird am besten versorgt.

Schlafendes Auge: Geschlossene Knospe, die nur unter bestimmten Bedingungen austreibt.

Schlanke Spindel: Besonders schwach wachsender Obstbaum, der ohne Seitenleitäste erzogen wird und dicht in Reihen steht.

Schröpfung: Anregung eines Stammes zum → Dickenwachstum durch viele kurze Längsschnitte in die Rinde.

Seitenleittrieb: Haupttrieb 1. Ordnung (→ Astrangordnung), der mehr oder weniger waagrecht am Stamm steht; die naturnahe Krone wird aus einem Mittelleittrieb und mehreren Seitenleittrieben gebildet.

Seitenleittrieb-Etage: Mehrere flache, etwa in derselben Höhe stehende und gleichmäßig verteilte Seitenleittriebe bilden eine Etage. Die Krone kann bei der Erziehung jährlich um eine Etage erweitert werden.

selbstfruchtbar: Obstgehölze, die keinen → Pollenspender brauchen und auch ohne → Fremdbefruchtung tragen, sind selbstfruchtbar, z. B. Haseln, Aprikosen, Mispeln.

Sommerschnitt: Schnitt während der Vegetationsperiode (meist zur Ernte), wo – im Gegensatz zum Winterschnitt – die Säfte strömen und eine raschere Wundheilung fördern.

Spalierbaum: Schwachwüchsiger Obstbaum, der sich für ein Spalier eignet und streng formen läßt.

Spalierobst: Streng an einem Gerüst gezogene Obstgehölze (z. B. Birnen, Weinreben).

Spindelbusch: Besonders schwachwüchsiger Obstbaum mit einer Stammhöhe von weniger als 60 cm; z. B. als → Spalierbaum geeignet.

Spitzenförderung: → Akrotonie.

Stäben: Unförmige Triebe, wie etwa krumme Gipfeltriebe, an einen Bambusstab heften und in die gewünschte Richtung biegen.

Stammbildner: Sorte, die besonders kräftige, gerade Stämme entwickelt und bevorzugt bei überhängenden Obstsorten (insbesondere Birnen) → zwischenveredelt wird.

Stammverlängerung: Junger, senkrechter Mitteltrieb, der die Hauptachse des Stammes verlängert.

Stammverstärkung: Kurze Seitentriebe, die bei schwachen Stämmchen erhalten bleiben, damit diese dicker wachsen. Sie werden später weggeschnitten.

Stummel: Abgeschnittene oder abgebrochene Zweig- oder Astreste.

Terminalknospe: Spitzenknospe am Ende eines Triebes; sie ist meist besonders kräftig ausgebildet.

Trichterkrone: → Hohlkrone ohne → Mittelleittrieb.

Triebknospe: Eng anliegende, meist schwach ausgebildete Knospe, die einen Trieb hervorbringt; im Gegensatz zur → Fruchtknospe.

triploid: In den Zellen ist der dreifache Chromosomensatz vorhanden; ungünstig für die Befruchtung – triploide Sorten (z. B. 'Boskoop') sind schlechte Pollenspender, im Gegensatz zu → diploiden Sorten.

Typen: Gezüchtete → Unterlagen, die bestimmte Wuchseigenschaften haben; der Typ M 9 z. B. ist sehr schwachwüchsig.

Umveredeln: Auf eine Krone die Triebe einer anderen Sorte pfropfen.

Unterlage: Ein Gehölz, auf dessen Wurzel (und Stamm) die Fruchtsorte veredelt wird; meist aus einem → Sämling oder einer ausgewählten Züchtung gezogen.

Vegetationsperiode: Die Zeit des Wachstums vom Frühjahr bis zum Herbst.

vegetativ: ungeschlechtlich, z. B. auf Vermehrung durch Stecklinge, Veredelung usw. bezogen.

Veredeln: Zwei eng verwandte Arten oder zwei Sorten läßt man durch bestimmte Techniken so miteinander verwachsen, daß die jeweiligen Organe vorteilhafte Eigenschaften annehmen; im Obstbau häufig schwachwüchsige → Unterlage mit einem → Edelreis veredelt, dessen Fruchteigenschaften erwünscht sind.

Veredelungspartner: Die → Unterlage und der Edeltrieb (Edelauge), die miteinander verbunden werden.

Verjüngung: Eine alte Krone oder einen alten Strauch kräftig zurückschneiden, damit wieder viele junge Triebe entstehen.

Verkahlen: Absterben der Zweige im Kroneninnern durch Lichtmangel.

Vorjährige Triebe: Bereits verholzte Triebe die im Vorjahr gewachsen sind.

Vorzeitige Triebe: Triebe, die sich im Sommer nach dem eigentlichen Triebabschluß noch entwickeln, meist schwach und empfindlich sind und im Winter erfrieren; häufig beim Pfirsich.

Wahre Fruchttriebe: Triebe beim Pfirsich, die mit jeweils drei Knospen besetzt sind: In der Mitte sitzt die Blütenknospe zwischen zwei Blattknospen. Diese Triebe sind wertvoll und bleiben – im Gegensatz zu → Falschen Fruchttrieben – erhalten.

Wasserschosse: Steile, mastige Triebe im Kroneninnern, die oft infolge starken Rückschnitts massenhaft entstehen.

Wurzelausläufer: → Ausläufer.

Wurzelhals: Die Übergangsstelle von den Wurzeln zum Sproß.

Zapfen: Verholzter Aststummel, der keine Knospen hat und somit nicht austriebsfähig ist.

Zugast/Zugauge: Ast oder Knospe unmittelbar an der Schnittstelle eines abgeschnittenen Stammes oder Asts; wichtig für die Aufrechterhaltung des Saftstroms (z. B. beim → Abwerfen und → Veredeln).

zweihäusig: Die weiblichen und männlichen Blüten sitzen getrennt auf zwei verschiedenen Pflanzen (z. B. bei Kiwi); für die Befruchtung sind daher mindestens eine weibliche und eine männliche Pflanze nötig.

Zwischenveredelung: Ein Trieb, der zwischen der → Unterlage (Wurzel) und dem → Edelreis (Krone) eingesetzt wird und meist als → Stammbildner dient.

Weitere Literatur

BdB-Handbuch Nr. VI: Obstgehölze; Lexikon der handelsüblichen Obstsorten mit Kurzbeschreibungen über Befruchtung, Standort usw.; Bund deutscher Baumschulen, Bismarckstraße 49, 25421 Pinneberg

BdB-Handbuch: Gehölzschnitt; mit vielen Zeichnungen vom Schnitt der Zier- und Obstgehölze; Bund deutscher Baumschulen, Bismarckstraße 49, 25421 Pinneberg

P. G. de Haas: Naturgemäßer Obstbaumschnitt, mit vielen Erfahrungen und Kenntnissen aus der Obstbaupraxis; BLV-Verlag, München

Heiner Schmid: Handgriffe im Obstgarten – nützliche und wichtige Pflegetips rund ums Jahr; Eugen Ulmer Verlag, Stuttgart

Wolfgang Kawollek: Handbuch der Pflanzenvermehrung und Anzucht (u. a. von Zier- und Obstgehölzen); Naturbuch Verlag, Augsburg

Hilkenbäumer: Schnitt der Obstgehölze – Grundlagen und sachgerechte Durchführung; Naturbuch Verlag, Augsburg

Franz Mühl: Alte und neue Apfelsorten; 2. erheblich erweiterte Auflage, Obst- und Gartenbauverlag, München

Franz Mühl: Alte und neue Birnensorten; Obst- und Gartenbauverlag, München

Franz Mühl: Beerensorten und Wildfrüchte; Obst- und Gartenbauverlag, München

Hans Walter Riess: Obstbaumschnitt in Bildern; Obst- und Gartenbauverlag, München

Willi Votteler: Verzeichnis der Apfel- und Birnensorten; 3. Auflage, Obst- und Gartenbauverlag, München

Empfehlenswertes Werkzeug und Zubehör

Scheren:
Backenscheren mit auswechselbaren Edelstahl-Klingen von den Firmen Felco, Adlus, Gardena, Wolf u. a.
Wundverschlußmittel:
z. B. »Künstliche Rinde«, »Lac Balsam«

Bezugsquellen für Obst

(ohne Anspruch auf Vollständigkeit)

Rudi Hartmann
Postfach 15 03
25421 Pinneberg

GKS Baumschulen
Halberstätter Chaussee 1
39116 Magdeburg

Fritz Herr
Postfach 12 29
53340 Meckenheim

J. Lambert
Postfach 25 65
54215 Trier

Geisenheimer Baumschule
Hans Bartsch
Postfach 12 50
65359 Geisenheim

Baumschule Klaus Ganter
Baumweg 2
79369 Wyhl

Conrad Appel
Bismarckstr. 59
64293 Darmstadt

Alte Obstsorten:
Baumschule Brenninger
Hofstarring 57
84439 Steinkirchen

Baumschule Baumgartner
Nöham 44
84378 Dietersburg

Beerenobst:
Obst- und Beerenzentrum Häberli
CH-9315 Neukirch/Egnach

Alte Obstsorten und Wildgehölze:
Naturwuchs
Bardenhorst 15
33739 Bielefeld

Naturwuchs
Kleinhaderner Weg 1
82166 Gräfelfing

und regionale Baumschulen

Register